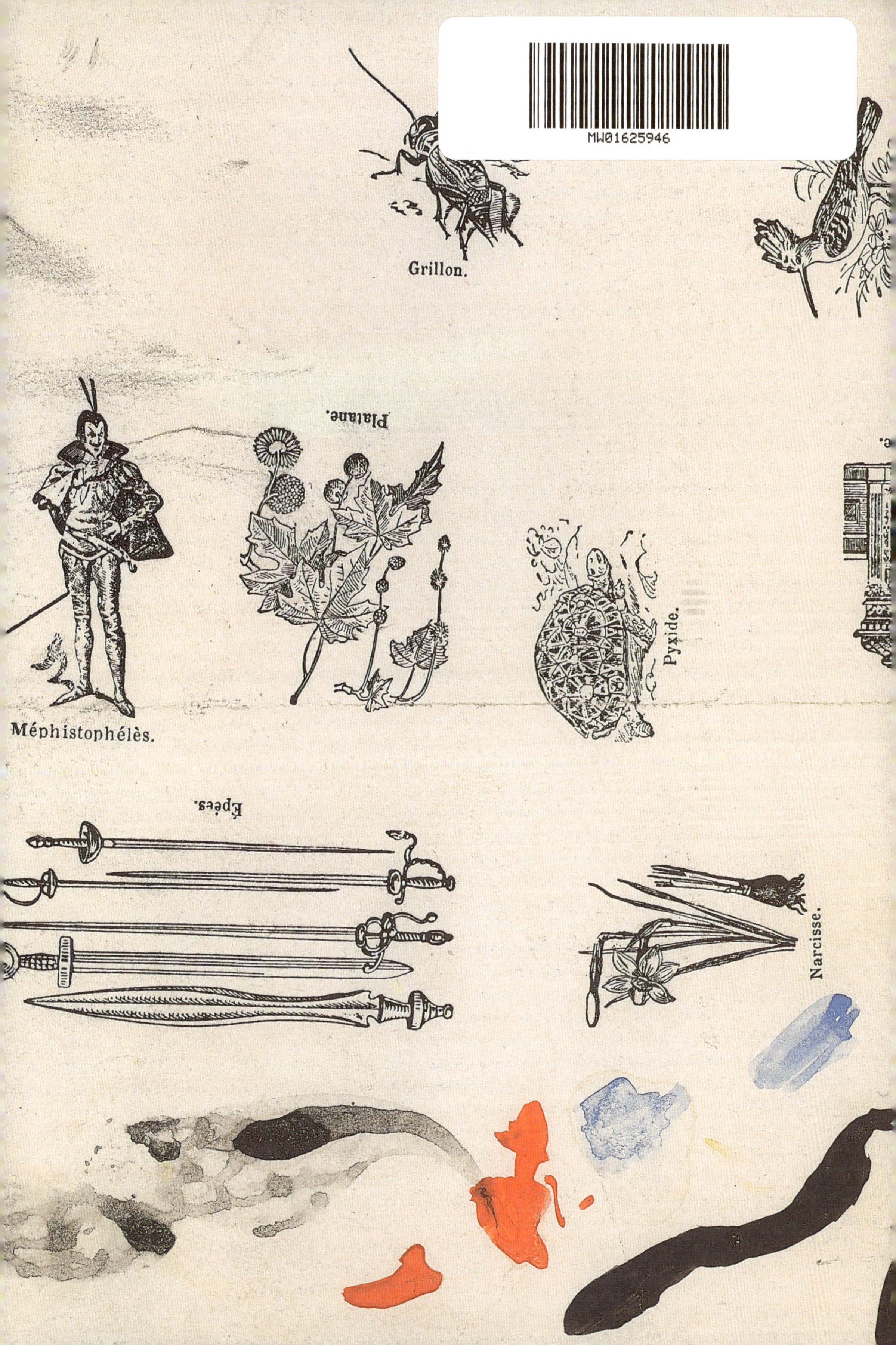
MW01625946
Grillon.
Platane.
Pyxide.
Méphistophélès.
Épées.
Narcisse.

LA VIDA SECRETA DE SALVADOR DALÍ

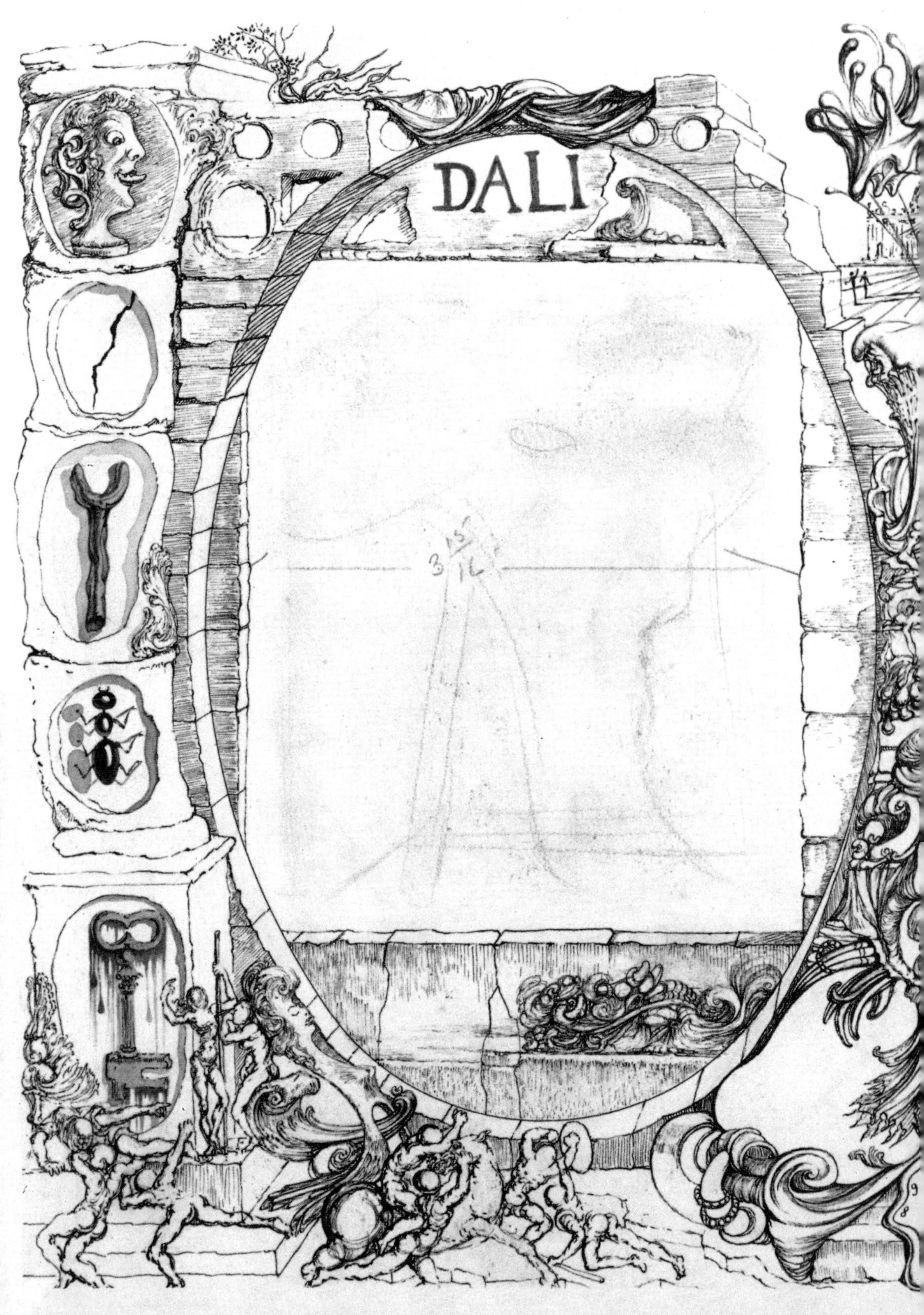
DALI

GALA
GALA SALVADOR DALI • 1942

LA VIDA SECRETA DE SALVADOR DALÍ

PER

FUNDACIÓ GALA-SALVADOR DALÍ
FIGUERES 2004

DAS EDICIONS

A Gala-Gradiva, celle qui avance

ÍNDEX

PRÒLEG

GALA DALI

"Form" is always
the product of
"inquisitorial" process
of matter.

PRIMERA PART

SALVADOR DALI

NUM. CAT. 6

"morphologie" du crane
de Sigmund Freud
d'apres le principe de la volute
et de l'éscargot. Dessin d'apres nature
deux ans avan sa mort-Salvador Dalí

6
2 PAtufet, heros legendaire de folk catalan, qui vivai a l'interieur du ventre d'un Beuf
6 Casanova raporte dans ses memoir les
entecedens sensationels de souvenirs intra uterins

chapter

Altera nunc rerum facies, me quero nec adsum
Non sum qui fueram non putor esse: fui

JACQUES CASANOVA DE SEINGALT
a l'âge de 63 ans

NUM. CAT. 11

NUM. CAT. 12

"false memory" of a cloud
of smoke resembling
a human face perceived
During a visit in
the country with my
father".

"False memory probably inspired by the face of a lawyer friend of my father combined an antique mythological engraving"

NUM. CAT. 15

"False memory of a vast
of

mental visage in a state
position"

"False memori
of a lady
in the shape of a
Spoon"

Buchaques
Dalí

NUM. CAT. 21

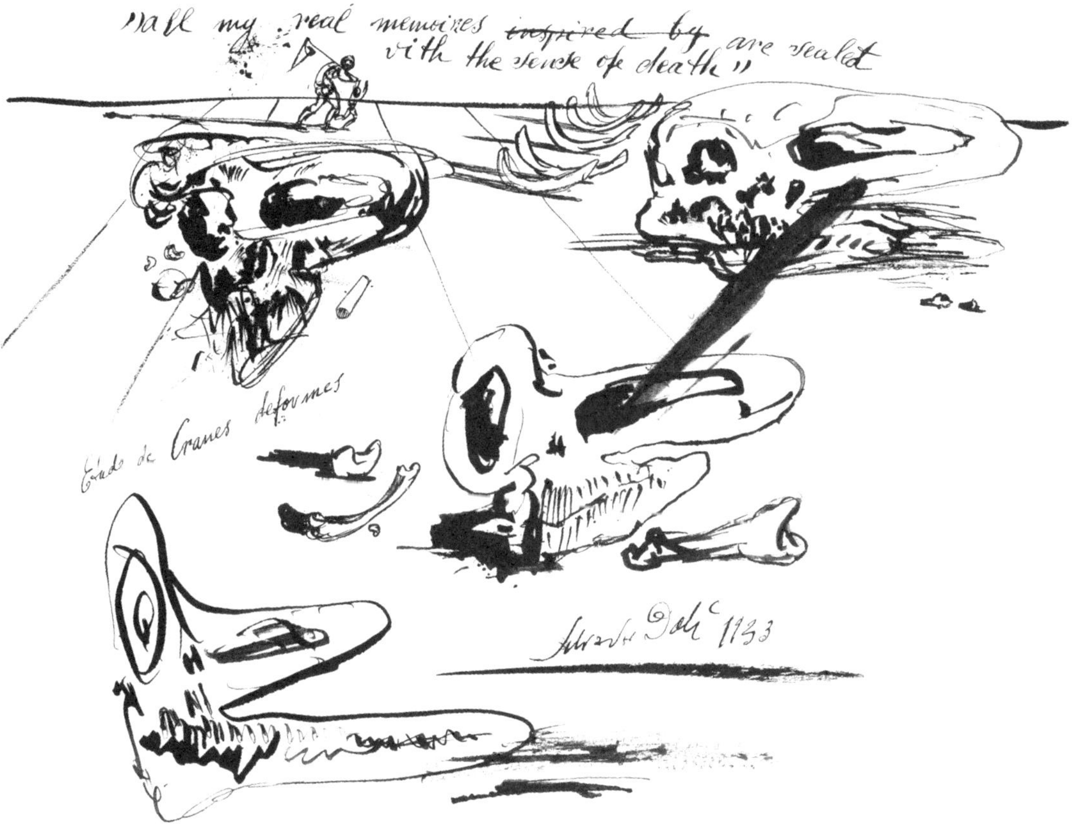

"all my real memoires ~~inspired by~~ are sealed vith the sence of death"

Étude de Cranes deformes

Salvador Dalí 1933

"Studio in the laundry"

Molí de la Torre

NUM. CAT. 24

 | NUM. CAT. 25

"Dullita"

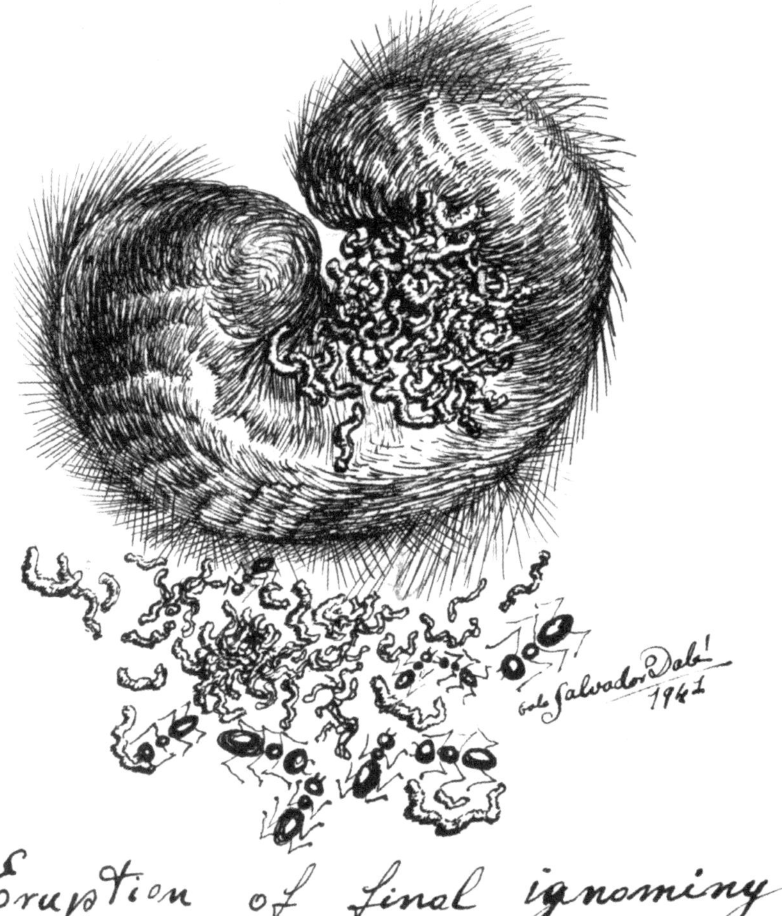
Gala Salvador Dalí
1941
..."Eruption of final ignominy!"

"Beethoven's cranium"

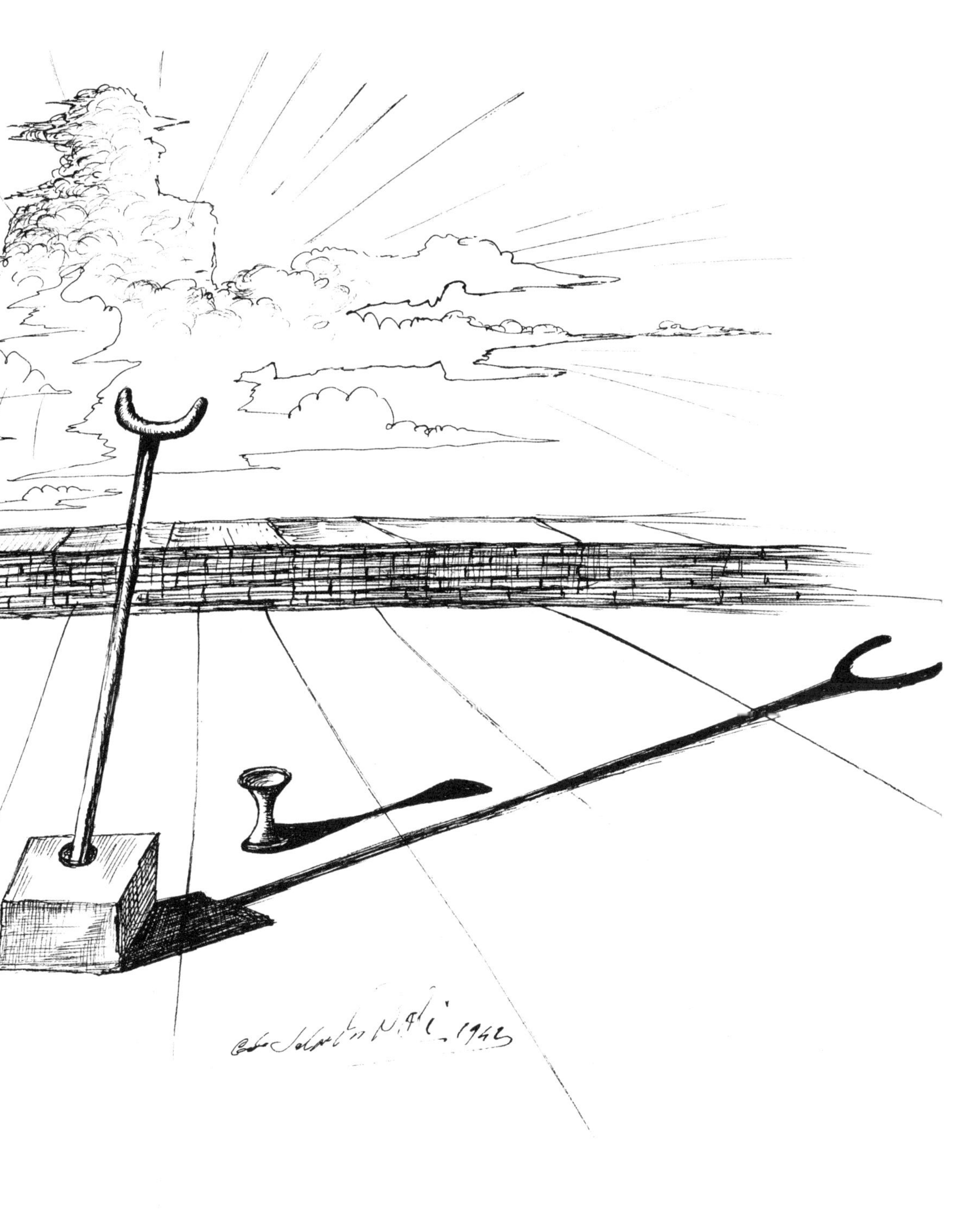
Gala Salvador Dalí 1942

SEGONA PART

NUM. CAT. 32

Dalí in an
anarchistic mood, walking
in the country of
Figueras at sundown.
1922

PAU PAU Y SEMPRE.... PAU..!

NUM. CAT. 35

"Figueras"
"Dalí rests death
inventing the counter-submarine"

"Philosophic Studies"

"Helen of Troy"
Salvador Dalí 1942

41
Progect for a silver
candelabra to illuminate
sinbolically my
"adolescence"

NUM. CAT. 40

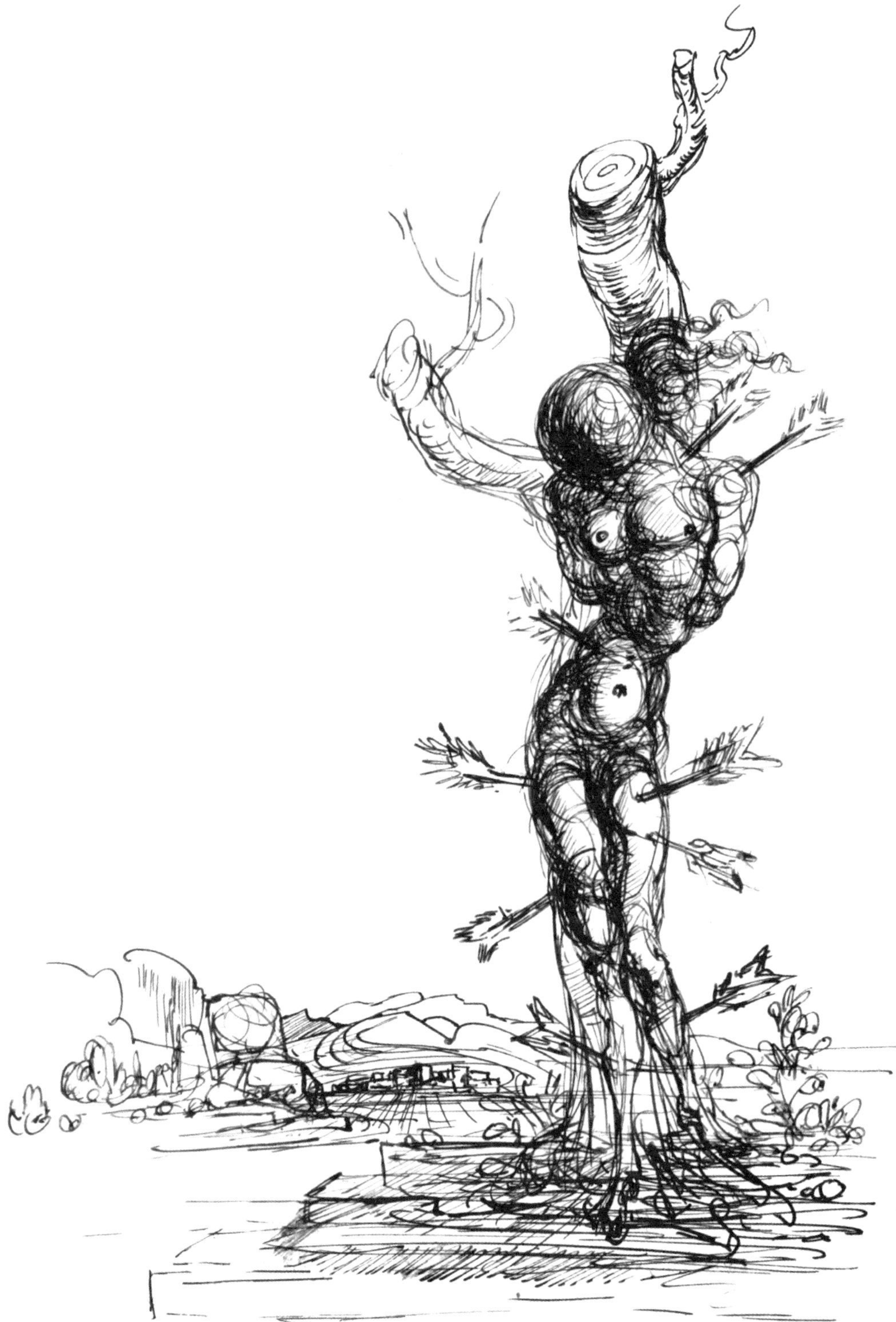

NUM. CAT. 43

Project for a cask
for "mad Tristan"

NUM. CAT. 44

1920

"Cubist" portrait of King Alfonso XIII.
Sketch made immediately after our meeting.

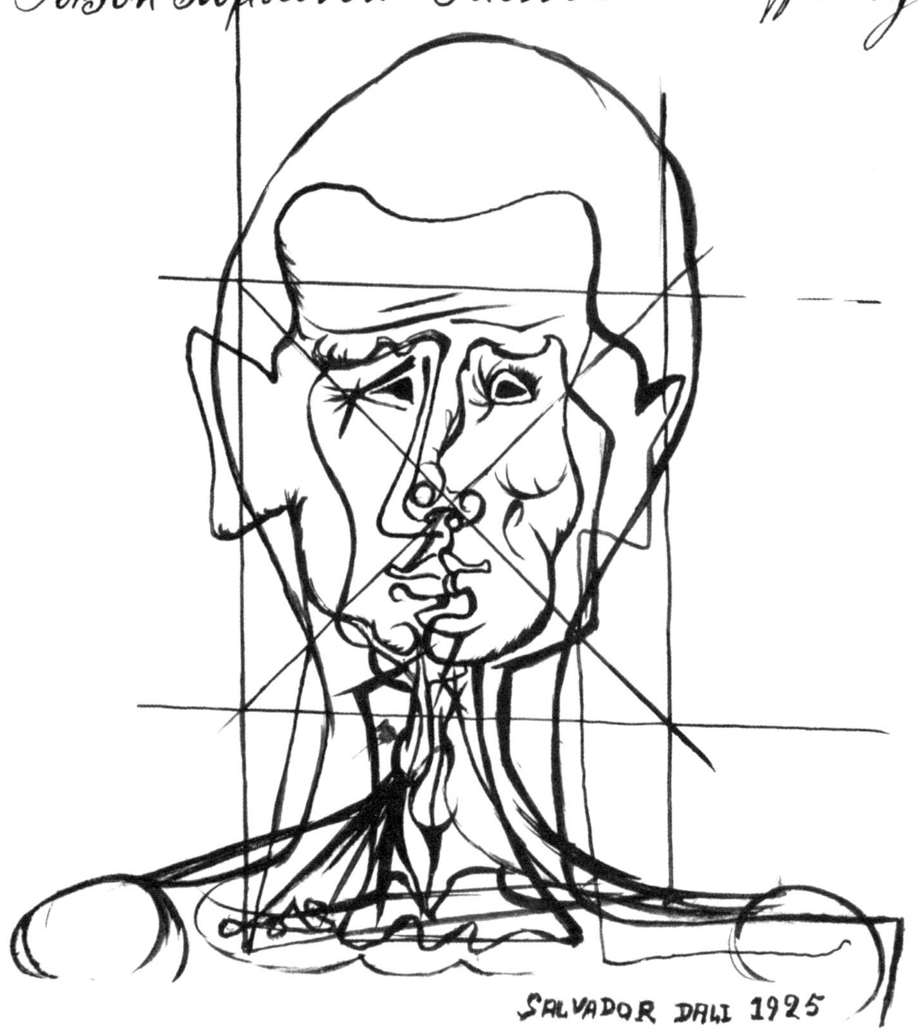
Picasso's influence vvas follovved by most tipical extra-plastic preoccupation
"Person svvallovvin saliva vvith difficulty"
SALVADOR DALI 1925

"Person swallowing saliva with
"ease

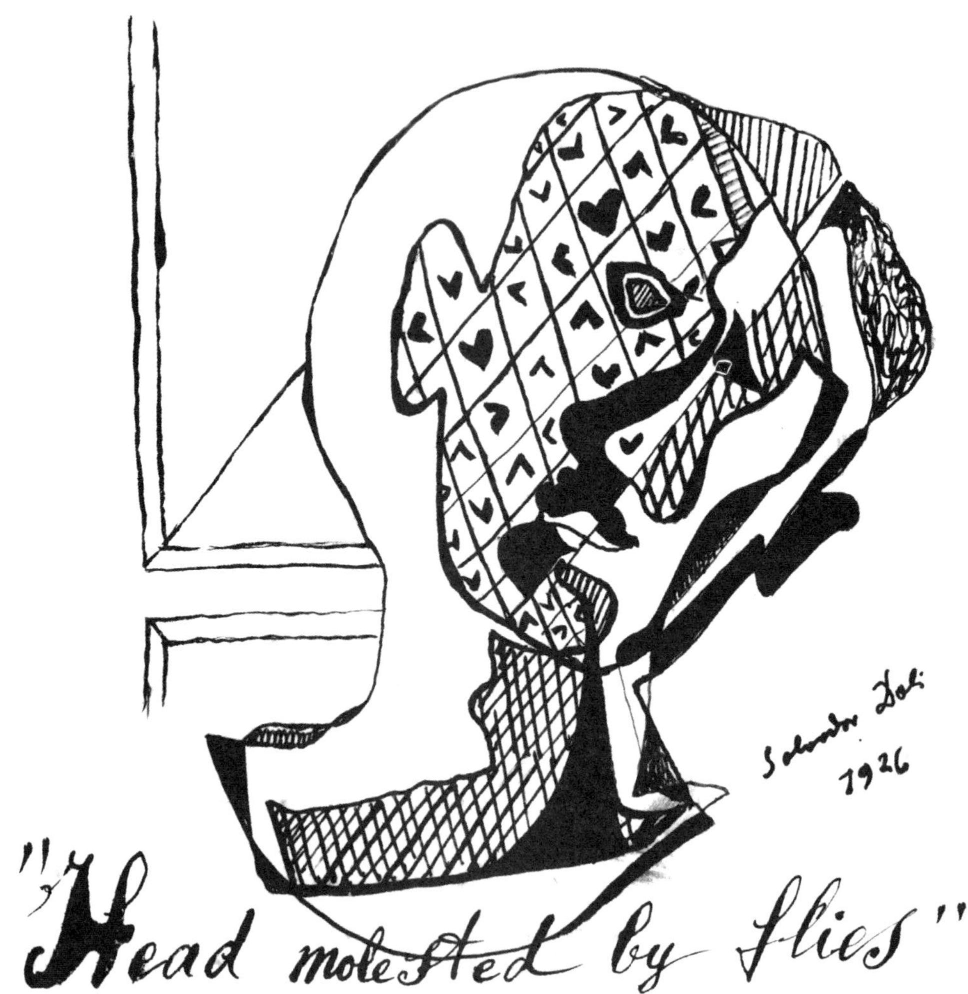
Salvador Dalí
1926
"Head molested by flies"

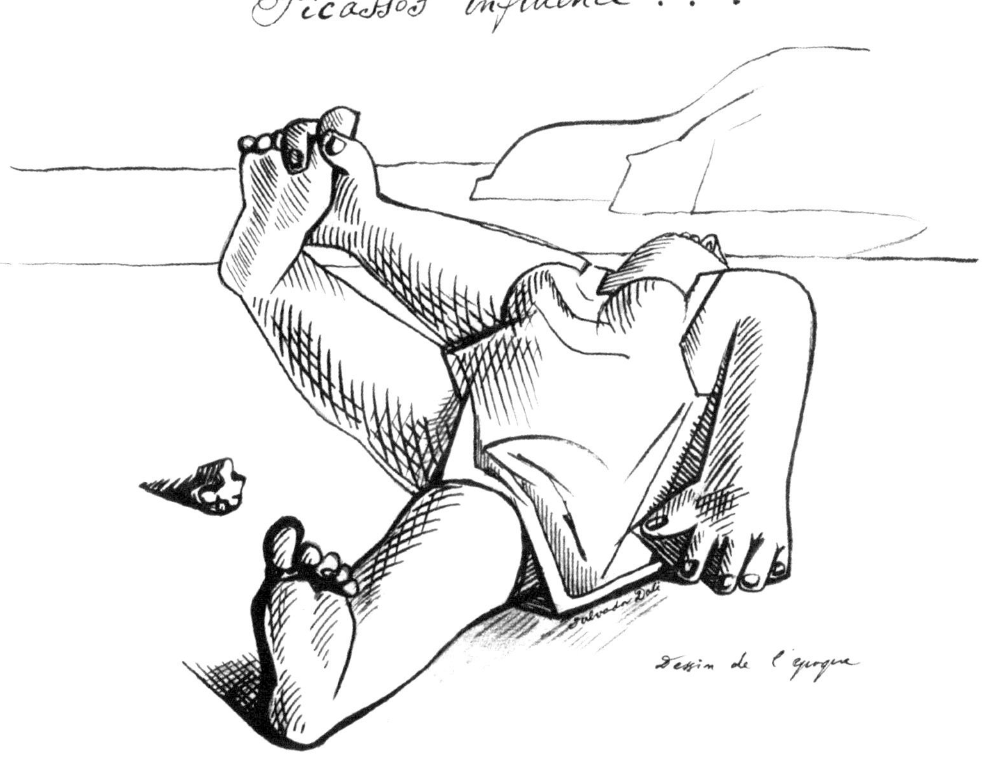
Picassos influence . . .
Salvador Dalí
Dessin de l'époque

NUM. CAT. 51

vermouthes, olives, clams ect ect..

NUM. CAT. 53

NUM. CAT. 54

Dalí
"Gala as a child mounted on the
unicorn of my fate"

NUM. CAT. 56

"Gala already walks like victory –
mi victory"

NUM. CAT. 58

. . Gradiva . . .

NUM. CAT. 60

"we became one in a
maelstrom - the volute of my lost
"paradise"
Gala Salvador Dali
1941

NUM. CAT. 62

"September septembered"
Pencil out

... Engraved these words :
Take advantage of her
and Kill her! ..

Salvador Dalí
Alcohol

Gala Salvador Dali
1940

TERCERA PART

"Bonjour chere amie!"
"Progett for spectral costumes, for afternoon strolls.
The inside of pockets light up at night."

CRUTCHES

... remember Hôtel du Château at Carry-le-Rouet ..

NUM. CAT. 72

Idealistic tower in which took place the 'reveries' about Gala. I lived in it in imagination during a period of at least three months.

GALA DALI 1939

NUM. CAT. 74

Fly-catching telephone

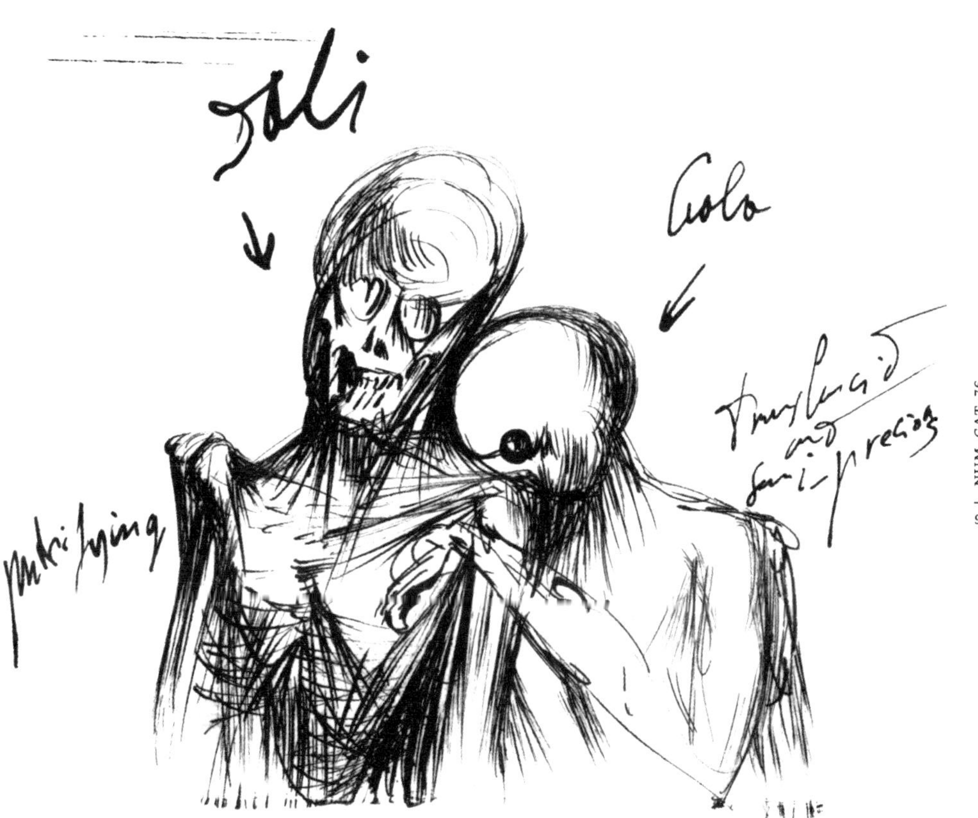

NUM. CAT. 76

NUM. CAT. 77

NUM. CAT. 78

NUM. CAT. 79

NUM. CAT. 80

¡Scandal!

macchiavellism
macchiavellism

macchiavellism

telephone
telephone
telephone

¡TELEPHONE!

NUM. CAT. 85

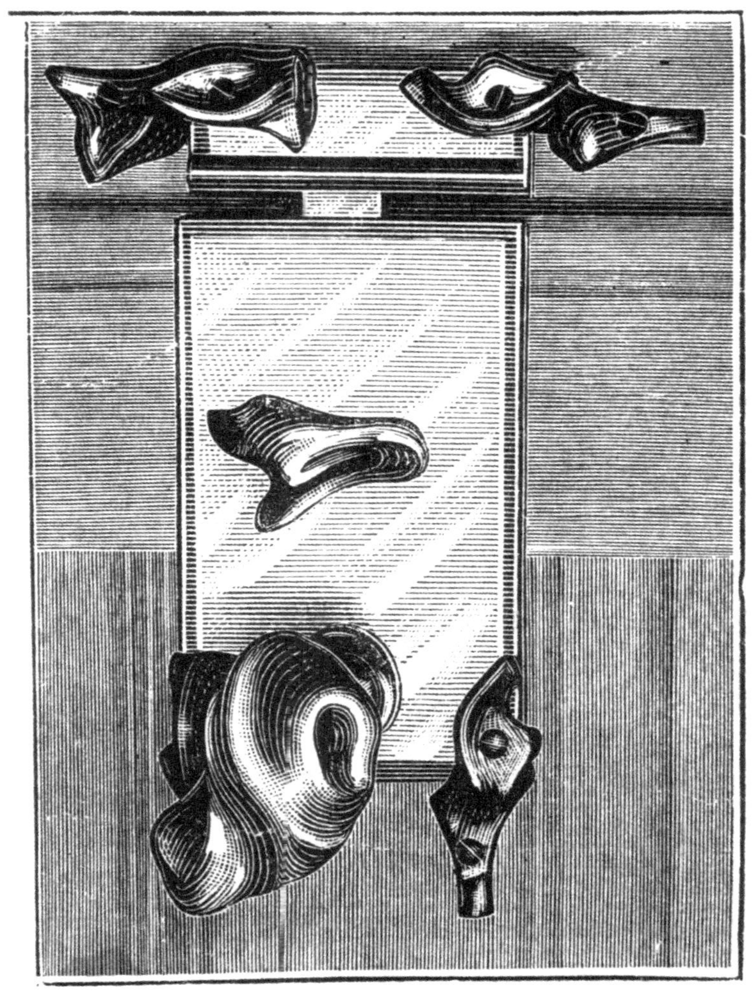

Project for spectral furnitu
re, with live jewels provided with
reflectors for alternative and decreasing
lighting. Salvador Dalí 1937

 | NUM. CAT. 87

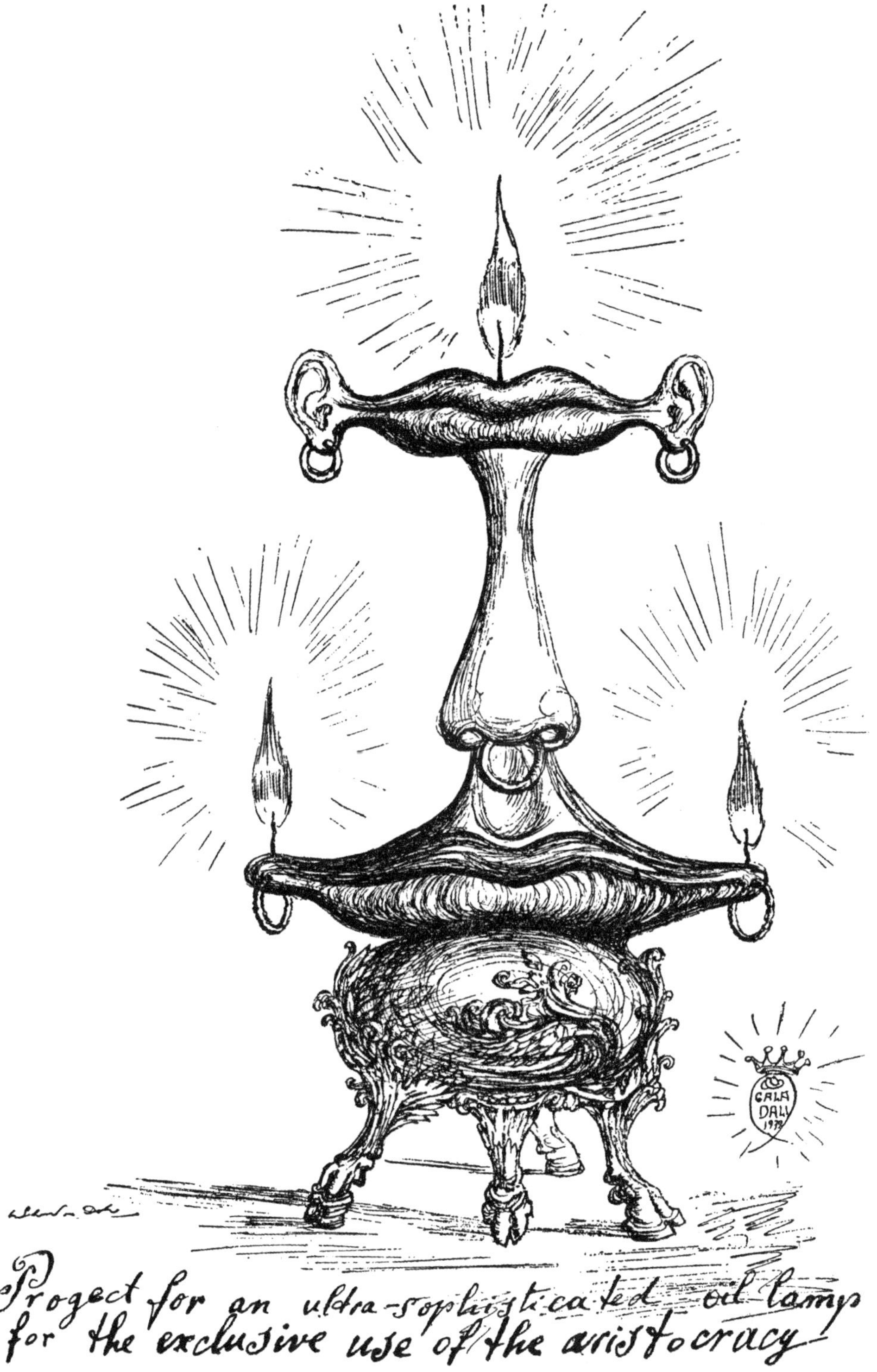
GALA
DALI
Progect for an ultra-sophisticated oil lamp
for the exclusive use of the aristocracy!

NUM. CAT. 88

Facility

Pederasty

Cocaine

Salvador Dalí
1930

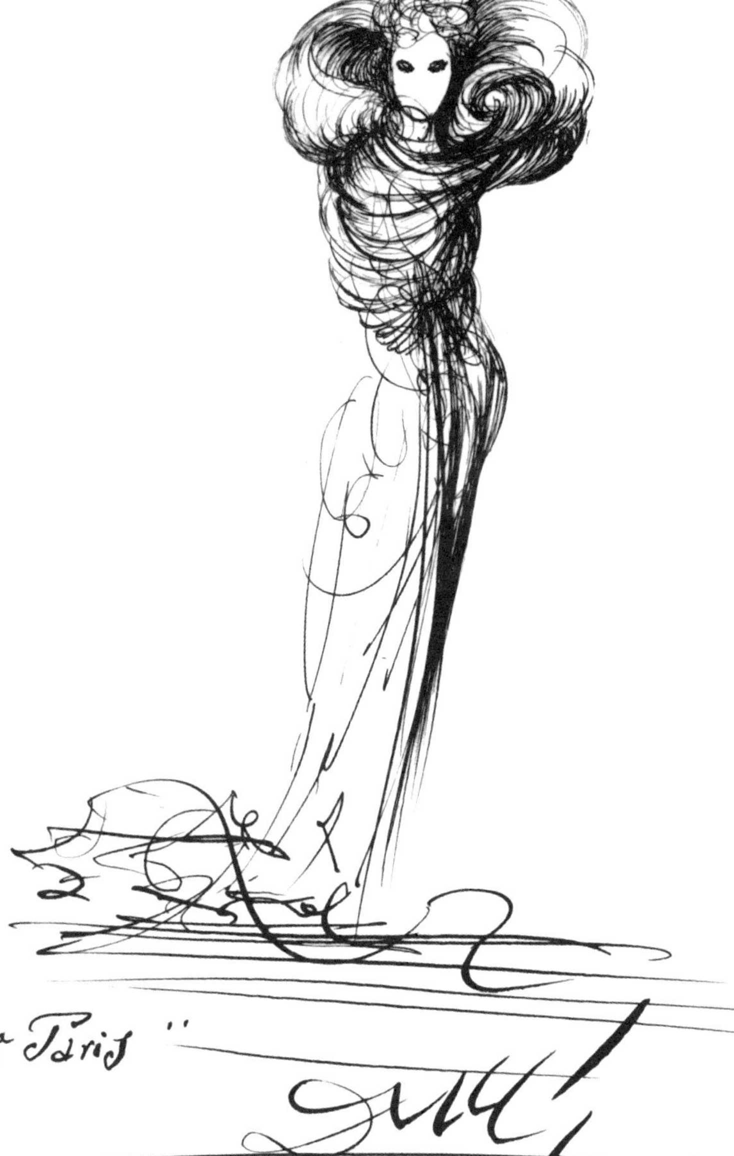
"Gala a Paris"

"Gala - Cadaques"
- Port - Lligat -

NUM. CAT. 92

typical surrealistic object made to provoke special discomfort by use of flies drawn and stuck in various places by sugary substances.
i have amused myself all my life by playing with the flies, rather than chasing them away.
Salvador Dalí
1931

Fig. 16. — Nubiens tirant de la fronde pour chasser les oiseaux.

First project for my "thinking machine" which shall figure in the "special edition" of my
Secret inventions

Gala discovers and inspires the classicism
of my soul.
Cosmogony, a synthesis,
and an architecture of eternity.

NUM. CAT. 97

"impossible to commercialize"

Project for a theatre setting, based on the myth of San Sebastian.

Salvador Dalí 1939

NUM. CAT. 98

Dalinian
a watch decomposes itself very quickly
sometimes & the hours bleed
like Christ...
1939

NUM. CAT. 100

Proyect for "mad Tristan"
of New York
Organ of Babel

GALA
S
DALI
1949
Project for an ashtray and cigarette holder mounted on the back of a live turtle

NUM. CAT. 102

NUM. CAT. 103

Project for jewels, opening and closing by a mechanism similar to that of watch
(necklaces that breathe, diamonds with the palpitating rhythm of a heart etc.)
1939

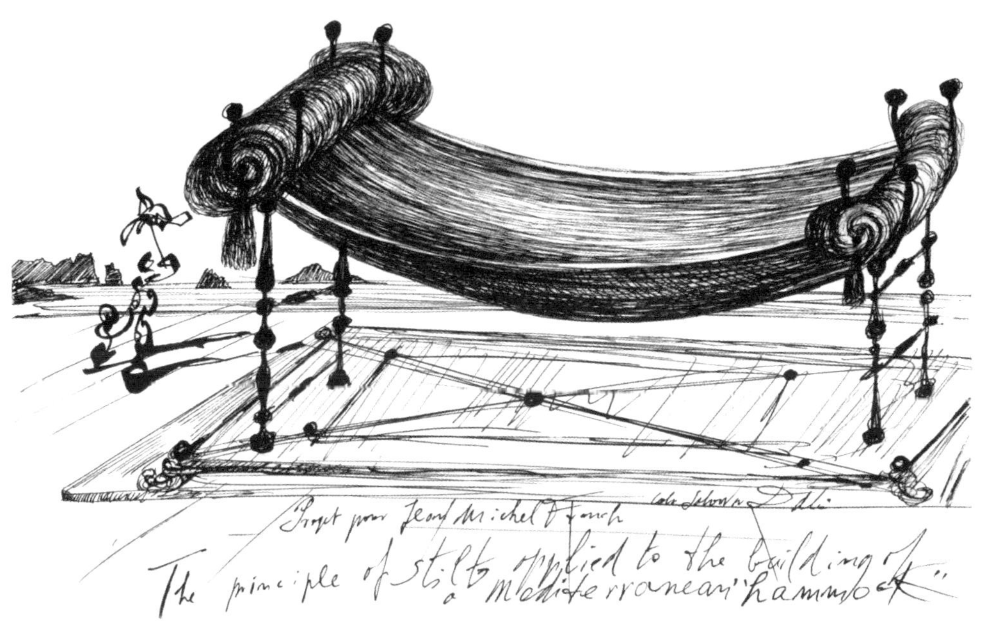
Projet pour Jean Michel Frank
The principle of stilts applied to the building of a "Mediterranean hammock"

NUM. CAT. 104

Esthetic
1939
("Anti-historic"!)

-renal anatomy
of
Gala

"New Flesh"

Salvador Dalí
"Not one day goes by that i don't ride, 'til the infinite,
the horse of my imagination"

NUM. CAT. 109

"Gala initial equilibrium

NUM. CAT. 110

Milidiaman of
F·A·I

"mad TRISTAN"
Project costumes never executed
mosquerade becausse is was "too mad"

NUM. CAT. 113

NUM. CAT. 114

"ornamental inquisition"

NUM. CAT. 115

NUM. CAT. 116

NUM. CAT. 117

Dinner-jacket?

NUM. CAT. 119

NUM. CAT. 120

l'unique chosse qui reste de se projet est la petite montagne du fond!

First project for the decor of "Venusberg" — never realized because of its high cost, and turned later, into a decor for "BACCHANALE"

Vertical Infantry, as against horizontal infantry; means of winning a battle by the unexpected use of stilts of the Landes country

Salvador Dalí 1940

NUM. CAT. 122

Fig. 1. — La crevette-siphon.

NUM. CAT. 124

I saw the Story of Rome
revived in the course of "reveries"
during mi long strolls.

NUM. CAT. 126

EPÍLEG

NUM. CAT. 127

PRESENTACIÓ

Aquest any de commemoració del centenari del naixement de Salvador Dalí, em plau presentar al seu Teatre-Museu l'exposició de dibuixos "La vida secreta de Salvador Dalí".

El 2004 és un any de celebracions, però també de recerca, anàlisi i aprofundiment sobre el personatge i la seva obra. Salvador Dalí és un artista complex, sorprenent, contradictori, d'una gran imaginació i indubtable mestratge tècnic. Els dibuixos que presentem al Teatre-Museu en són una bona mostra.

El Teatre-Museu Dalí no es podia quedar al marge d'aquesta celebració. La Fundació Gala-Salvador Dalí ha fet un esforç extraordinari per coordinar aquest centenari: amb el préstec d'obres a nombroses exposicions, tant a l'Estat espanyol com arreu del món; amb nombroses publicacions; amb el suport a la recerca per a escrits, investigacions i documentals; amb la col·laboració amb el Festival de Peralada... I, nosaltres, al nostre torn, al Teatre-Museu hem pogut comptar amb la participació inestimable d'un col·leccionista particular, gran amant de Dalí, que, desitjós de difondre la seva obra, ens ha prestat amablement la seva col·lecció de 125 dibuixos –a la qual n'hem afegit dos més que són propietat nostra- que van servir per il·lustrar la magnífica autobiografia *La vida secreta de Salvador Dalí*, escrita per Dalí en francès, però publicada per Dial Press el 1942 en versió anglesa de Haakon M. Chevalier.

Aquests dibuixos, diferents, mostra del gran coneixement de l'ofici de dibuixant, bells, de gran riquesa iconogràfica, s'exposen al tercer pis del Teatre-Museu. Els invitem, gràcies, com he dit, a la generositat d'una col·lecció particular, i al suport cabdal i entusiasta de la Diputació de Girona, a venir al nostre Teatre-Museu per aprofundir en el coneixement d'un Dalí dibuixant magnífic.

RAMON BOIXADÓS I MALÉ
President de la Fundació Gala-Salvador Dalí

148
PRESENTACIÓ

L'exposició que sobre la *Vida Secreta* es fa al Teatre-Museu permet a la Diputació de Girona expressar de forma rotunda, com a Entitat Col·laboradora, la seva adhesió a l'Any Dalí que se celebra aquest 2004, coincidint amb el centenari del naixement del genial pintor empordanès.

La Diputació de Girona, d'acord amb la Fundació Gala-Salvador Dalí, patrocina aquesta exposició, que ha estat possible gràcies a la valuosa aportació d'un particular que ha cedit per a la mateixa 125 dibuixos de la seva col·lecció. D'aquesta manera, i a Figueres mateix, se'ns ofereix ara l'extraordinària oportunitat de poder apropar-nos una mica més a una de les múltiples facetes de l'obra de Salvador Dalí Domènech, Marquès de Dalí de Púbol, sens dubte, una de les figures artístiques més conegudes i admirades de la història de l'art del segle XX.

Els dibuixos que han estat cedits formen part dels que l'artista va utilitzar per il·lustrar l'autobiografia *La vida secreta de Salvador Dalí* que, quan encara era molt jove, ell va escriure amb la voluntat, sobretot, de ser escoltat. I així ho va deixar dit: "He acabat d'escriure aquest llibre tan llarg dels secrets de la meva vida, car aquesta vida que he viscut, tota sola, em dóna el dret d'ésser escoltat. I vull que m'escoltin...".

Podem *escoltar* Dalí en aquesta exposició, perquè ens facilita poder observar amb deteniment, *sentir* amb els ulls, el domini que Dalí tenia de l'ofici de dibuixant. Però també perquè –ni que sigui a través dels dibuixos– ens permetrà parar més atenció a una de les capacitats probablement menys conegudes de l'artista i que és la d'escriptor, que ell reivindicava amb èmfasi tot assegurant ser més bon escriptor que pintor.

Potser aquesta reivindicació del Dalí escriptor que feia de sí mateix no és més que una altra mostra de la complexitat d'un artista sorprenent i contradictori a la vegada. Un Dalí que intentava explicar, a través de diferents llenguatges, la complexitat del món que va viure.

Ara, al Teatre-Museu, la complicitat, en el millor sentit de l'expressió, de la Diputació de Girona i la magnífica aportació d'un particular se sumen a l'esforç realitzat per la Fundació Gala-Salvador Dalí al llarg de tot aquest any per convidar-vos a aprofundir en el coneixement del Dalí dibuixant de la seva pròpia vida.

CARLES PÀRAMO I PONSETÍ
President de la Diputació de Girona

L'EXPOSICIÓ 'LA VIDA SECRETA DE SALVADOR DALÍ'

La Fundació Gala-Salvador Dalí presenta, per commemorar el centenari del naixement de l'artista, l'exposició dels dibuixos que aquest va realitzar per a la seva autobiografia *La vida secreta de Salvador Dalí.* Aquesta mostra ens permet associar el Dalí dibuixant amb el Dalí escriptor.

El text de *Vida secreta* s'estructura en tres parts, encapçalades per un pròleg i amb un epíleg final. La primera, de 5 capítols, explica des dels records intrauterins fins als records reals de la infància; la segona, de 4 capítols, de l'adolescència al 1929, any en què exposa a París i coneix Gala; la tercera, de 5 capítols, descriu des de la iniciació a la vida de societat i la compra de la seva casa de Portlligat fins a l'època en què acaba les seves memòries. A les dues darreres pàgines de la seva autobiografia, declara de manera ben significativa: "He acabat d'escriure aquest llibre tan llarg dels secrets de la meva vida, car aquesta vida que he viscut, tota sola, em dóna el dret d'ésser escoltat. I vull que m'escoltin. Sóc l'encarnació més representativa de l'Europa de postguerra; en vaig viure totes les aventures, tots els experiments, tots els drames. Com a protagonista de la revolució surrealista vaig conèixer dia per dia els incidents i les repercussions més lleus de l'evolució pràctica del materialisme dialèctic i de les doctrines pseudofilosòfiques basades en els mites de la sang i la raça del nacionalsocialisme; vaig estudiar molt de temps la teologia. I, en cadascuna de les dreceres ideològiques que el meu cervell hagué d'enfilar per tal d'ésser sempre el primer, vaig pagar-ho car, amb la negra moneda de les meves suors i les meves passions. Però si vaig participar, amb el lúcid fanatisme d'un espanyol, en totes les investigacions especulatives, les més contradictòries i tot, mai de la vida no vaig voler, en canvi, pertànyer a cap partit polític. I per què ho hauria de voler, avui que la política ja va essent devorada per la religió?". I conclou dient: *"En aquest moment encara no tinc fe i em temo que moriré sense cel".*

Vida secreta és una autobiografia magnífica, sovint considerada per la crítica com el millor escrit de Salvador Dalí. Un relat ple de veritats, mitges veritats, i "falsedats" també. És una narració que hem de llegir per entendre millor l'obra i sobretot el personatge que va construint Salvador Dalí. I, a més, els fets, les situacions, els conceptes descrits o narrats a *Vida secreta* són magistralment reforçats, de vegades fins i tot exemplificats, pels dibuixos que ara es poden veure al Teatre-Museu Dalí com a elements d'una eficaç simbiosi creativa entre el Dalí dibuixant i el Dalí literat.

L'artista elabora aquest text durant la seva època americana: resideix ininterrompudament als Estats Units del 1940 al 1948 i el redacta a casa d'una de les seves mecenes, Caresse Crosby, a l'estat de Virgínia. El llibre té una bona acollida. La primera edició apareix publicada en anglès el 1942 per Dial Press, de Nova York, amb traducció de Haakon M. Chevalier. El manuscrit, que es conserva al Centre d'Estudis Dalinians de la Fundació Gala-Salvador Dalí de Figueres, està escrit en francès, en un francès dalinià, fonètic, particular, si bé quan els dibuixos de la col·lecció particular tenen títol manuscrit, aquest sol ésser en anglès.

Coberta de l'autobiografia de Salvador Dalí, *The Secret Life of Salvador Dalí*, Dial Press, New York, 1942 (1a edició en anglès).

Coberta de l'autobiografia de Salvador Dalí, *Vida secreta de Salvador Dalí*, Poseidon, Buenos Aires, 1944 (1a edició en espanyol).

Els dibuixos, que, tant en el catàleg com en l'exposició, presentem en l'ordre en què van aparèixer a la primera edició, es mostren sense el seu embolcall literari i, en certa manera, fora del seu context, però ja per si sols ens situen plenament en l'evolució artística i personal de Salvador Dalí i, de fet, com l'obra escrita de Dalí, són en ells mateixos literaris i descriptius. Dalí va fer, o en alguns casos va seleccionar per il·lustrar la seva obra, 136 dibuixos, dels quals mostrem els 125 provinents d'una col·lecció particular i 2 que formen part dels fons de la Fundació Gala-Salvador Dalí. Hi ha 9 il·lustracions de les quals desconeixem la localització i, d'aquestes, 5 apareixen novament en una altra obra de Salvador Dalí, *Les metamorfosis eròtiques*, publicada per Edita en francès el 1969.

La tècnica de la majoria dels dibuixos és tinta xinesa sobre paper –n'hi ha amb revers– i en alguns Dalí manipula imatges impreses amb tinta per crear-ne de noves. La majoria són de petit format. Alguns inclouen un títol o explicació, segons els casos, escrit per Dalí gairebé sempre en anglès. Hi apareixen també algunes anotacions en llapis, que són indicacions per a l'editor. Un cas curiós és el de "*September septembered*", en què s'ha escrit *Pencil out* i, efectivament, a la publicació de Dial Press, la part feta en llapis no hi apareix. I estan signats, com és costum en Dalí, de maneres diverses: Gala Salvador Dalí, Gala Dalí, Salvador Dalí, Dalí, Gala S Dalí, S. Dalí, G Salvador Dalí o G.S.Dalí. Les dates també són diferents, van de 1920 a 1942, tot i que la data d'algun d'ells no es correspon amb la realitat. Dalí els atorga una data anterior a la real en consonància amb el relat de les seves memòries, com seria el cas del seu dibuix, un autoretrat, "*Was Fantastic*". Continua així l'artista *jugant* amb el lector-espectador i conduint-lo cap on ell vol, barrejant veritat i falsa veritat, tant biogràfica com cronològica. Esmentant Heràclit, com fa Dalí, direm que a la natura li agrada amagar-se.

Un breu recorregut per aquesta sèrie de dibuixos ens permet copsar les principals claus de l'obra i alhora la vida dalinianes -i sempre hem de tenir en compte tant la visió global de la imatge com l'atenció que atorga a algun element del seu microcosmos, explicat amb grans precisions. Són les intenses anècdotes que revitalitzen la composició.

En el text d'un dels primers dibuixos que trobem, *"Form" is always the product of "inquisitorial" process of matter*, Dalí fa tota una declaració de principis: "Així també la rosa! Tota flor viu en una presó! Del punt de vista estètic, la llibertat és manca de forma. Ara se sap, per descobriments recents en morfologia (lloat sigui Goethe pel fet d'haver inventat aquest mot d'importància incalculable i que hauria agradat a Leonardo!), que són *justament* les tendències heterogènies i anarquistes, que presenten la més gran complexitat d'antagonismes, les que menen més sovint al regne triomfant de les més rigoroses jerarquies de la forma".

En el capítol primer, titulat "Autoretrat anecdòtic", apareixen dos autoretrats, el primer, de clara influència rafaelesca, i, tot seguit, significativament, esbossos i retrats premonitoris de Sigmund Freud, realitzats, tal com indica Dalí, dos anys abans de la mort del pare de la psicoanàlisi. Al capítol quart, "Records falsos de la infància", és on apareixen sovint les dobles imatges o imatges invisibles, tan lligades a la seva particular concepció del món que reflecteix en el seu mètode paranoicocrític, que ens fan participar en el joc de buscar més enllà del que percebem a simple vista i ens aguditzen la imaginació, veient allò que no es veu al primer cop d'ull, descobrint-hi significats ocults o oblidats. En el dibuix *"false memory" of a cloud of smoke resembling a human face perceived During a walk in the country with my father"* podem percebre com explícitament s'indica la primera d'aquestes imatges dobles.

En tractar-se d'una obra autobiogràfica, Gala òbviament tampoc no hi podia faltar: Gala com a infant muntant l'unicorni del destí de Dalí; Gala caminant com a victòria, la victòria daliniana; Gala com a equilibri inicial; Gala

Coberta de l'autobiografia de Salvador Dalí, *Vita segreta di Salvador Dalí*, Longanesi, Milano, 1949 (1a edició en italià).

com a Gradiva, la que avança; Gala relacionada amb el Renaixement, amb la tradició, representada al dibuix titulat *Gala discovers and inspires the classicism of my Soul.....Cosmogony, a synthesis, ~~and~~ an architecture of eternity,* de mestratge incomparable, o Gala fusionada amb Dalí (la signatura "Gala Dalí" apareix en alguns dels dibuixos).

L'etapa americana, la contemporània a l'autobiografia, també hi és ben present: dibuixos que fan referència al món del ballet, *Tristany foll* i *Bacanal*, amb el qual va col·laborar; a la moda: el dibuix *"Proget de robe du soir"* 1939, on Dalí afegeix irònicament *"Elegan woman"?*, n'és un bon exemple; projectes de joies, objectes surrealistes, com ara *typical surrealistic obgect, made to provoke special discomfort by use of flies drawn and stuckin various places by sugary substances* i altres tipus d'objectes, de difícil classificació, com *Progect for a silver candelabra to illuminate sinbolically my "adolescence", Progect for an ultra-sophisticated oil lamp for the exclusive use of the aristocracy;* referències a l'arquitectura dels gratacels que ens recorden la sèrie d'articles sobre Nova York que va escriure i il·lustrar a *The American Weekly* el 1935. I dos dibuixos, clarament relacionats amb els que il·lustren el seu text *50 secrets màgics per a pintar,* publicat per primera vegada en anglès el 1948, com ara el titulat *first progect for my " thingking machine" which shall figure in the 'special editioN' of my Secret inventioNs.* Podem associar aquesta autobiografia amb dues altres creacions de Dalí, conjunt de text i imatge, que són l'esmentat *50 secrets màgics...* i *Les metamorfosis eròtiques,* més que no pas amb les obres que Dalí il·lustra als anys 40: *Autobiografia* de Benvenuto Cellini (1946), la primera part del *Quixot* (1946) i els *Assaigs* de Montaigne (1947). Podem copsar en els dibuixos de *Vida secreta* un Dalí diferent del Dalí que il·lustra, per encàrrec, textos d'altres autors; és un Dalí més lliure i anàrquic, on mostra una nova faceta d'ell mateix.

La seva iconografia, coneguda i reconeguda arreu, apareix ben representada al llarg de *Vida secreta.* En aquesta sèrie de dibuixos podem observar les figures de l'*Àngelus* de

Coberta de l'autobiografia de Salvador Dalí, *Salvador Dalís hemliga liv*, Bo Cavefors Bokförlag, Malmö-Lund, 1961 (1a edició en suec).

Coberta de l'autobiografia de Salvador Dalí, *Das Geheime leben des Salvador Dalí*, Schirmer-Mosel, München, 1984 (1a edició en alemany).

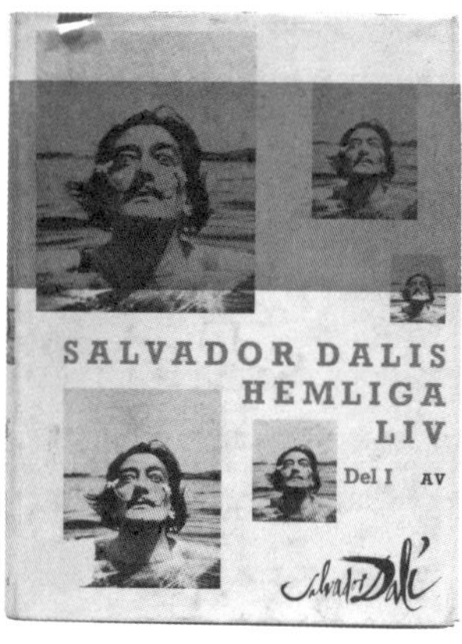

Millet; els paisatges isolats i angoixants; les figures amb les seves respectives ombres; figures toves, alguna, clarament, la del "gran masturbador"; les crosses; els xiprers; el telèfon-llagosta; les formigues; els personatges amb calaixos; el seu estimat i recurrent paisatge de l'Empordà; Lídia Noguer; les arquitectures: algunes, renaixentistes, d'altres, toves; les perspectives, palladianes algunes d'elles; l'ull –en el segon dibuix relacionat amb els que després publicarà a *50 secrets màgics per a pintar*–; la figura de sant Sebastià, objecte de l' article que escriu l'any 1927, publica a *L'Amic de les Arts* i dedica al seu amic Federico García Lorca; les referències plàstiques i escrites a Picasso. També cal fer al·lusió a dibuixos significatius com ara el que encapçala la segona part, el de Gala, la que avança –és a dir, Gradiva, font literària, inspiració dels surrealistes– de factura clàssica, fantàstic. La presència d'un retrat cubista del rei Alfons XIII, el meravellós retrat de Dullita o les dobles imatges a què ja hem fet referència, com "*September*", on destaca el rostre configurat per un genet i el seu cavall, roques, arbres antropomòrfics i petits personatges, completen aquesta exposició, reflex de l'evolució artística i personal de Salvador Dalí. El Dalí nen, rei consentit o el Dalí jove, revolucionari, anarquista, tampoc no hi podien ser absents.

La mostra "La vida secreta de Salvador Dalí" ens permet descobrir que el dibuix serveix a l'artista no com una mera il·lustració, sinó que és una eina indispensable per seguir narrant les seves memòries i per mostrar-nos com Dalí es va acostant cap als ideals de la tradició i del Renaixement des d'una actitud vital de recerca activa i perserverant. Aquests dibuixos –tal com fa l'especial muntatge museístic del Teatre-Museu Dalí– desperten el nostre interès, també la nostra imaginació, i ens estimulen el desig de llegir –o rellegir– l'autobiografia "genial" del creador empordanès. Dalí és un dibuixant culte, suggerent, ornamental, també transgressor i irònic, característiques que, totes elles, ben combinades, són específicament interessants per exercir d'il·lustrador. A *Vida secreta* text i imatge es necessiten i es complementen. El Dalí dibuixant i el Dalí escriptor formen un tot, una cosmogonia sobre l'origen i la formació del món dalinià.

MONTSE AGUER I TEIXIDOR
Directora del Centre d'Estudis Dalinians de la Fundació Gala-Salvador Dalí

1 — Vrais souvenirs d'enfance

Je ferme les ieux pour voir au fond de ma
qui operetra le plus spontaneament et avec le plus devidence
avec elle le delen de mes trois souvenirs
Je me subien avec precision, de cotre
travers la fenetre de la premiere classe de
des Freres des Ecols Cretiennes, qui fut
a la neffaste experiance pedagogique de cher
fenetre en question restai suverte que l'ap
je m'abssorbe dans la contemplation
sur ces le sipres presque egals de toi
la silhuete Leonardesque des mor
se decupe sur le ciel esterilise et come dans atmosphere de la cotologne —
ont des sipres qui semblai bruli dans l'apres midi
Et par la couleur de celles ci je pouvait reconstitue
les evenement sousmetriquement infallibles du
du petis constenment absent —
regardai mon prot derriere la fenetre, et on finie por
mon nouvel endroit je voyage encore les sipres. en
deors, on tout alors que je regarde deors un genero

Una de les pàgines del manuscrit de *La vida secreta de Salvador Dalí* que es conserva al Centre d'Estudis Dalinians de la Fundació Gala-Salvador Dalí de Figueres.

CATALOGACIÓ

NOTES

Tots els dibuixos pertanyen a una col·lecció particular, excepte els números 1 i 9 que provenen dels fons de la Fundació Gala-Salvador Dalí.

Llevat que no s'indiqui el contrari els dibuixos no estan signats ni datats.

Quan a la catalogació trobem "tinta*" significa que també hi ha anotacions a llapis afegides per algú com indicació per a l'editor.

Per identificar cada dibuix, hem utilitzat, quan hi és, el text que Dalí va escriure en el dibuix. El text ha estat transcrit literalment. En molts casos, l'artista destaca entre cometes el que possiblement considera com a títol.

Anotem sota la catalogació, la pàgina del llibre on apareix cada dibuix en la primera edició de *The Secret Life of Salvador Dalí* de Dial Press.

Únicament destaquem aquells reversos on es fa referència a episodis de *La Vida Secreta de Salvador Dalí* o bé els que són estudis d'obres conegudes de l'artista.

Signatura
Tinta / paper
9,3 x 24,3 cm

1. Sense text
DALI GALA
Tinta xinesa, tintes de colors, llapis i collage / paper
57,6 x 50,2 cm
NI 2913
Signat i datat GALA SALVADOR DALI 1942
Aquest dibuix apareix al frontispici

PRÒLEG

2. *GALA DALI*
Tinta* / paper
8,3 x 9,3 cm
p. 1

3. *"Form" is always the product of "inquisitorial" process of matter.*
Tinta / paper
17,3 x 17,1 cm
Signat GALA DALI
p. 3

—

PRIMERA PART

4. Sense text
Tinta* / paper
15,5 x 10,6 cm
p. 7

—

I. AUTORETRAT ANECDÒTIC

5. *SALVADOR DALI 1927*
Tinta / paper
10,7 x 17,7 cm
p. 9

6. *"Moi"*
Tinta / paper
15,2 x 12,5 cm
Signat Dalí
p. 16

7. *"morphologie" du crane de Sigmund Freud d'apres le principe de la volute et de l'escargot. Dessin d'apres nature deux ans avan sa mort*
Tinta* / paper
22,9 x 17 cm
Signat Salvador Dalí
p. 24

II. RECORDS INTRAUTERINS

8. Sense text
Tinta* / paper
9,2 x 7,5 cm
p. 26

9. *Suvenir intrauterins de Salvador Dalí*

1 himage d'origine hipnagogique remontan a la periode pre-natale de Salvador Dalí
2 PAtufet, hero legendere du foclor Catalan, qui vivait a l'intereur du ventre d'un beuf
3 embrion decendant en parachute, le parachute et le sinbole maternal
~~4 esquelete~~ esquelete ligote dans la posse enbrionaire, a l'interieur d'une cruche qui recoNstitue l'idee de l'euf
5 la "bolute" et l'enigme qui preside le fenomene de la vie et l'enbrioN de toute l'ornamentatioN
6
6 Casanova raporte dans ses ~~souveniRs~~ memoiRe des entecedans sensatioNels de souveniRs intra huteriNs.

També hi apareix una inscripció del propi Dalí. Es tracta d'una nota per a l'editor: *"also include footnote on Casanova from chapter American Weekly Inter-uterini Chapter"*

Tinta* i llapis / cartró
76 x 51 cm
NI 3441
p. 28

10. Sense text
Paper imprès
16,5 x 11,2 cm
p. 28

—

III. NAIXEMENT DE SALVADOR DALÍ

11. Sense text
Tinta* / paper
11 x 7,3 cm
p. 33

IV. RECORDS FALSOS DE LA INFÀNCIA

12. Sense text
Tinta* / paper
10,7 x 9,1 cm
Signat i datat Gala Salvador Dali 1941
p. 35

13. *"false memory" of a cloud of smoke resembling a human face perceived During a walk in the country with my father"*
Tinta / paper
7,7 x 16,4 cm
p. 37

14. *"False memory probably inspired by the face of a lawyer friend of my father combined an antique mythological engraving"*
Tinta / paper
16,4 x 14,7 cm
p. 39

15. *"moi et ma mere"*
Tinta / paper
10,6 x 27,5 cm
Signat i datat Salvador Dali 1936
p. 43

16. *"False memory of a vast ornamental visage in a state of deconposition"*
Tinta / paper
11,6 x 21,7 cm
Signat Gala Salvador Dalí
p. 46

17. *"False memori of a lady in the shape of a spoon"*
Tinta* / paper
13,7 x 15,6 cm
p. 49

18. Sense text
Dalí identifica els personatges de la il·lustració: *Buchaques galouchka Dalí*
Tinta / paper
13,4 x 16,9 cm
p. 54

19. Sense text
Tinta / paper
9,2 x 16 cm
p. 59

20. Sense text
Tinta / paper
11,5 x 11 cm
p. 60

21. Sense text
Tinta / paper (revers d'un paper imprès)
7,1 x 15,5 cm
Signat GALA S DALI
p. 62

—

V. RECORDS REALS DE LA INFÀNCIA

22. *"all my real memoires ~~inspired by~~ are sealed vith the sense of death"*
Etude de Cranes deformes
Tinta / paper
19,7 x 24,7 cm
Signat i datat Salvador Dalí 1933
p. 65

23. *"Studio in the laundry"*
Tinta / paper
16 x 14,5 cm
p. 71

24. *Mulí de la Torre*
Tinta* / paper
20,6 x 27,5 cm
p. 76

25. *Forms in rotation"*
Intervenció a tinta / paper imprès
7,8 x 7,5 cm
Signat i datat Gala Dali 1931
p. 78

—

HISTÒRIA DE LA RECOLLIDA DE LA FLOR DEL TIL·LER I LA CROSSA

26. *"Dullita"*
Tinta / paper
14,5 x 5,4 cm
p. 91

27. *..."Eruption of final ignominy".*
Tinta / paper
8,2 x 8,4 cm
Signat i datat Gala Salvador Dalí 1941
p. 94

28. Sense text
Tinta / paper
9 x 8,4 cm
p. 97

29. Sense text
Tinta / paper
11,7 x 9 cm
p. 100

30. *"Beethoven's cranium"*
Tinta / paper
27,5 x 20,5 cm
Signat i datat Gala Salvador Dali 1941
p. 106

31. Sense text
Tinta / paper
16 x 21,6 cm
Signat i datat Gala Salvador Dali 1942
p. 109

—

SEGONA PART

32. *GALA CELLE qui AVANCE*
Tinta* / paper
23 x 34,7 cm
Signat i datat Salvador Dalí 1942
p. 113

—

VI. ADOLESCÈNCIA; LLAGOSTA; EXPULSIÓ DEL COL·LEGI; FINAL DE LA GUERRA EUROPEA

33. *Dalí in an anarchistic mood, walking in the country of Figueras at sundown.*
Tinta* / paper
13,4 x 13,1 cm
Datat 1922
p. 115

34. *PAU PAU Y SEMPRE.... PAU..! B.M*
c. 1916-17
Tinta / paper (revers de paper imprès)
17,8 x 11,1 cm
p. 117

35. Sense text
Tinta / paper
9,9 x 9,9 cm
p. 129

36. *"Dalí riskes death inventing the counter-submarine"*
Dalí identifica el lloc que apareix a la il·lustració: *"Figueras"*
Tinta / paper
20,7 x 21,7 cm
p. 137

—

VII. "ALLÒ"; ESTUDIS FILOSÒFICS; AMOR INSATISFET; EXPERIMENTS TÈCNICS; EL MEU "PERÍODE DE LA PEDRA"; FI D'UNA RELACIÓ AMOROSA; LA MORT DE LA MEVA MARE

37. *"Philosophic StudieS"*
Tinta / paper
10,3 x 7,5 cm
Signat Dalí
p. 139

38. *"Helen of Troy"*
Tinta / paper (revers de paper imprès)
3,9 x 3,6 cm
Signat i datat Salvador Dali 1941
p. 140

39. *Proqect for a silver candelabra to illuminate sinbolically my "adolescence"*
Intervenció a tinta / paper imprès
23,3 x 15,9 cm
Signat GALA S DALI
p. 141

40. *"Tristan and Isolde"*
Tinta* / paper (revers de paper imprès)
10,2 x 6,6 cm
Signat i datat Salvador Dali 1940
p. 145

41. Sense text
Tinta / paper (revers de paper imprès)
10,5 x 7 cm
p.146

42. Sense text
Tinta / paper (revers de paper imprès)
21,3 x 13,3 cm
p. 147

43. Sense text
Tinta / paper
11,8 x 14 cm
Signat Salvador Dalí
p. 151

—

VIII. APRENENTATGE DE LA GLÒRIA; EL MEU PARE CONSENT EN LA MEVA CARRERA ARTÍSTICA; EXAMEN D'INGRÉS; SUSPENSIÓ DE L'ESCOLA DE BELLES ARTS DE MADRID; DANDISME I PRESÓ

44. *Project for a cask for "mad Tristan"*
Tinta / paper
8,3 x 8,5 cm
Signat i datat Gala Salvador Dalí 193[...]
Data il·legible
p. 154

45. *"Was Fantastic"*
Tinta i llapis / paper
9,1 x 10,4 cm
Signat i datat Salvador Dali 191920 1920
p. 160

46. *"Cubist" portrait of King Alfonso XIII.*
sketch made inmediately after our meeting.
Tinta i llapis / paper
16,2 x 13,7 cm
Signat Salvador Dalí
p. 163

47. *Picasso's influence was followed by most tipical extra-plastic preoccupation*
"Person swallowin saliva with difficulty"
Tinta / paper
14 x 11,7 cm
Signat i datat SALVADOR DALI 1925
p. 174

48. *"Person swallowing saliva with "ease*
Tinta* / paper plegat
11 x 16,7 cm
Paper desplegat: 28 x 16,7 cm
Signat Salvador Dalí
p. 175

49. *"Head molested by flies"*
Tinta / paper
11,2 x 12 cm
Signat i datat Salvador Dali 1926
p. 177

50. *Picassos influence...*
Dessin de l'epoque
Tinta / paper
13,8 x 17 cm
Signat Salvador Dali
p. 184

51. *"Proget de robe du soir" 1939*
"Elegan Woman"?
Tinta / paper
16 x 9,6 cm
Signat S. Dali
Datat 1939
p. 193

52. *vermouths, olives, clams ect ect..*
Tinta* / paper
15,5 x 9,6 cm
p. 195

—

IX. TORNADA A MADRID; EXPULSIÓ DEFINITIVA DE L'ESCOLA DE BELLES ARTS; VIATGE A PARÍS; ENCONTRE AMB GALA; ELS INICIS DEL DIFÍCIL IDIL·LI AMB EL MEU SOL I ÚNIC AMOR; SÓC REPUDIAT PER LA MEVA FAMÍLIA

53. Sense text
Tinta / paper
16,3 x 13,6 cm
Signat GALA DALI
p. 200

54. *F. G LORCA 1924*
Pour Federico Salvador Dalí
Madrid cafe de ORIENTE"
Tinta* i llapis / paper
12,6 x 9,1 cm
Signat Salvador Dalí
Datat 1924
p. 203

55. *"Gala as a child mounted on the unicorn of my Fate"*
Tinta / paper
17 x 20,3 cm
Signat Dali
p. 218

56. Sense text
Tinta / paper
16,2 x 16,7 cm
Signat i datat Dalí 1942
p. 224

57. *"Gala already walks like victory- mi victory"*
Tinta / paper
17,3 x 13,3 cm
p. 232

58. *"Relax"*
Tinta / paper
9,5 x 12 cm
Signat i datat Dalí 1938
p. 234

—

CONTE DEL MANIQUÍ DE CERA AMB EL NAS DE SUCRE

59. *..Gradiva...*
Tinta / paper
11,1 x 16 cm
p. 239

60. *"we must have it over with!" "white or black"?*
Tinta / paper
13,2 x 15,4 cm
Signat Salvador Dali
p. 242

61. Sense text
Tinta / paper
10 x 6,6 cm
p. 242

62. *"we became one in a maelstrom - the volute of my lost "paradise"*
Tinta / paper
17,2 x 11,2 cm
Signat i datat Gala Salvador Dali 1941
p. 244

63. *"September septembered"*
Tinta i llapis / paper
28,2 x 21,7 cm
p. 246

64. *...Engraved these words: Take advantage of her and kill her'!..*
Tinta / paper
14,3 x 13,3 cm
Signat i datat Gala S. DALI 1941
p. 247

65. *Alcohol*
Tinta / cartró
14,9 x 7,8 cm
Signat Salvador Dalí
p. 250

66. Sense text
Tinta / paper
4,7 x 8 cm
p. 251

67. Sense text
Tinta / paper
14,8 x 8,4 cm
Signat Gala Salvador Dali 1940
p. 253

—

TERCERA PART

68. Sense text
Tinta* / paper
27 x 25,3 cm
Signat i datat Gala Salvador Dalí 1942
p. 255

—

X. INICIACIÓ A LA VIDA DE SOCIETAT; CROSSES; ARISTOCRÀCIA; HOTEL DU CHÂTEAU DE CARRY-LE-ROUET; LÍDIA; PORT LLIGAT; INVENTS; MÀLAGA; POBRESA; L'ÂGE D'OR

69. *Emaill, or dans le genrre de "Fraberge" ocasioN d'hutilisse ici mes inventioNs sur l'emaill en fibres - aussi les ieux [pourrai] regarde continuellement, par mon autre inventioN des troubles visuels [provoques] par les [segures] de couleur conplementaires [tenir] [conte] des meubles etrusques et de la facon come ils enploaye l'or dans des feiilles miNces come le papier de chocolat tout cela et bon Dali*
Tinta / paper
13 x 9,3 cm
Signat Dalí i signat i datat G. Salvador Dalí 1930
p. 257

70. *"Bon jour chere amie!" "Progect for spectral costumes, for afternoon stroller. The inside of pockets light up at night."*
Tinta / paper
26,6 x 20,3 cm
Signat GALA DALI
p. 259

71. *CRUTCHES*
Tinta / paper
9,4 x 8,1 cm
Signat i datat Gala Dalí 1936
p. 261

72. *...remember Hôtel du Chateau at Carry-le-Rouet..*
Tinta / paper
10,1 x 18,6 cm
Signat GALA DALÍ
Data il·legible
p. 263

73. Sense text
Tinta / paper
6,5 x 9,5 cm
p. 265

74. *Idealistic tower in which took place the 'reveries' about Gala. I lived in it in imagination during a period of at least three months.*
Tinta / paper
16,3 x 13,6 cm
Signat i datat GALA DALI 1939
p. 269

75. *Fly - catching telephone*
Tinta / paper
9 x 12 cm
Signat S. Dali
p. 271

76. Sense text
Dalí identifica i descriu els personatges de la il·lustració: *Dali putrifying Gala translucid and sur imprecions*
Tinta / paper
5,5 x 6,6 cm
p. 274

77. *viejo MalagueÑo*
Tinta / paper
9,8 x 10,4 cm
Signat i datat Dalí 1936
p. 275

78. *Gala, with a build like a boy's... her breasts bares and i had taken out*
Tinta / paper
18,2 x 18,8 cm
Signat i datat Gala Salvador Dalí 1941
p. 275

79. Sense text
Tinta / paper
13,5 x 12,7 cm
p. 280

80. Sense text
Tinta / paper
21,7 x 17,4 cm
p. 281

81. *¡Scandal!*
Intervenció a tinta / paper imprès
6,6 x 10,9 cm
p. 283

82. *macchiavellism macchiavellism*
Tinta / paper
19 x 16,6 cm
p. 284

83. *macchiavellism*
Tinta / paper
3,5 x 4,5 cm
p. 284

—

XI. LA MEVA LLUITA; LA MEVA PARTICIPACIÓ I LA MEVA POSICIÓ EN LA REVOLUCIÓ SURREALISTA; "OBJECTE SURREALISTA" CONTRA "SOMNI NARRAT", ACTIVITAT CRITICOPARANOICA CONTRA AUTOMATISME

84. *telephoNe telephoNe telephone ¡TELEPHONE!*
Tinta* / paper
7,4 x 7,6 cm
p. 286

85. Sense text
Tinta / paper (revers del dibuix núm. 112)
21,2 x 15,2 cm
p. 288

86. Sense text
Paper imprès / cartró
5,2 x 3,9 cm
cartró: 14,5 x 9,5 cm
p. 289

87. *Project for spectral furniture, with live jewels provided with reflectors for alternative and decreasing lighting.*
Tinta / paper
31 x 24 cm
Signat i datat Salvador Dali 1937
p. 291

88. *Progect for an ultra-sophisticated oil lamp for the exclusive use of the aristocracy*
Tinta / paper
16,5 x 10,9 cm
Signat GSalvador Dali i signat i datat GALA DALI 1939
p. 294

89. *Facility Pederasty Cocaine*
Tinta / paper
13,5 x 10,7 cm
Signat i datat Gala Salvador Dali 1930
p. 295

90. *"Gala, a Paris"*
Tinta / paper
13 x 11,5 cm
Signat Dalí
p. 296

91. *"Gala a Cadaques" Port-Lligat*
Tinta / paper
13,9 x 24 cm
p. 300

92. *"September"*
Tinta / paper
8,5 x 9,2 cm
p. 303

93. *typical surrealistic obgect, made to provoke special discomfort by use of flies drawn and stuckin various places by sugary substances. I have amused myself, all my life, by playing with flies, rather than chasing them away.*
Intervenció a tinta / paper imprès
11,3 x 7,1 cm
Signat i datat Gala Salvador Dali 1931
p. 307

94. *"Disturbing imatge"*
Intervenció a tinta / paper imprès
7,2 x 4,9 cm
p. 308

95. Sense text
Tinta / paper
15,7 x 12,6 cm
Signat Salvador Dalí
p. 310

96. *first progect for my " thingking machine" which shall figure in the 'special editioN' of my Secret inventioNs himage virtuelles fosfenes himages interpretes Boursse seletioNatrice himage double himage triple resultante selectione*
Intervenció a tinta / paper imprès
8 x 13,5 cm
Signat i datat Gala Salvador Dali 1935
p. 313

97. *Gala discovers and inspires the classicism of my Soul... ..Cosmogony, a synthesis, ~~and~~ an architecture of eternity.*
Tinta / paper
30 x 23,7 cm
Signat i datat Gala Salvador Dalí 1941
p. 316

98. *"inpossible to commercialize" Project for a theatre setliNg, based on the myth of San Sebastian.*
Intervenció a tinta / paper imprès
8,7 x 11,8 cm
Signat i datat Gala Salvador Dalí 1939
p. 319

99. *Dalinian a watch deconposes itself very quickly sometimes the hours bleed like Christ...*
Intervenció a tinta / paper imprès
5,7 x 7 cm
Signat i datat Gala Salvador Dali 1939
p. 325

100. *New-York ?*
Tinta / paper
6,8 x 12,6 cm
Signat i datat Gala Salvador Dalí 1938
p. 331

101. *Progect for "mad TrisTan" poetry of New York [Colliere] neurosis Artificial vampire organ of Babel wagner, GAudi Boecklin*
Tinta / paper
22 x 28 cm
p. 335
Revers: Esbós pel dibuix de l'anvers

102. *Progect for an ashtray and cigarette holder mounted oN the back of a live turtle*
Tinta / paper
13,3 x 10,7 cm
Signat i datat GALA S DALI 1940
p. 337

103. *Progect for jewels, opening and closing by a mechanism similar to that of watch (necklaces that breathe, diamoNds with te palpitaing rythm of a heart ect.)*
Tinta / paper
8,4 x 8 cm
Signat i datat G[ala] Salv[ador] Dali 1939
p. 340

104. *Proget pour Jean Michel Franch The principle of stilt applied to the building of a Mediterranean "hammock"*
Tinta / paper
10,7 x 17 cm
Signat Gala Salvador Dali
p. 341
Revers: Estudi per a l'oli *Aparició d'un rostre i un fruiter en una platja* de 1938 i altres esbossos

105. *Esthetic (<u>"Anti-historic"!</u>)*
Tinta / paper
23,7 x 18,5 cm
Signat i datat Gal[a] Salvad[or] Dalí 1939
p. 343

XII. GLÒRIA ENTRE LES DENTS, ANGOIXA ENTRE LES CAMES; GALA DESCOBREIX I INSPIRA EL CLASSICISME DE LA MEVA ÀNIMA

106. *sub-renal anatomy of Gala*
Tinta* / paper
9,2 x 7 cm
p. 344

107. *"New Flesh"*
Tinta / paper
7,7 x 7,3 cm
p. 347

108. *"Not one day goes by that i don't ride, 'til the infinite, the horse of my imagination"*
Tinta / paper
9,5 x 18,4 cm
Signat i datat G Salvador Dali 1939
p. 349

—

XIII. METAMORFOSI; MORT; RESURRECCIÓ

109. *against Politics – For metaphysics*
Tinta* / paper
25,1 x 16,3 cm
Signat i datat Dali 1937
p. 351

110. *"Gala initial equilibrium"*
Tinta / paper
7,4 x 6 cm
p. 353

111. *militiAmAN OF F.A.I*
Tinta / paper
18,6 x 10 cm
p. 355
Revers: Esbós pel dibuix de l'anvers

112. *"L'Elan vital"*
Tinta / paper (anvers del dibuix núm.85)
15,2 x 21,2 cm
Signat Gala S Dali
p. 359

113. *"mad TRisTan" Project masquerade costumes never executed becausse is was "too mad"*
Tinta / paper
20,9 x 19,2 cm
Signat GALA S DALI
p. 362

114. *POPE JOLIO'S VILLA*
Dalí identifica els personatges de la il·lustració: *GARBO Dalí*
Tinta* / paper
12,3 x 4,8 cm
p. 364

—

XIV. FLORÈNCIA; MUNIC A MONTECARLO; BONWIT TELLER; NOVA GUERRA EUROPEA; BATALLA ENTRE MLLE. CHANEL I M. CALVET; TORNADA A ESPANYA; LISBOA; DESCOBRIMENT DE L'APARELL PER FOTOGRAFIAR EL PENSAMENT; COSMOGONIA; PERENNE VICTÒRIA DE LA FULLA DE L'ACANT; RENAIXEMENT

115. *"ornamental inquisition"*
Tinta* / paper
13,1 x 16,2 cm
p. 369

116. *Bacchanale grand Hotel -- nous appreNons la nouvelle de la mobilisatioN generalle mauvais temps*
Tinta / paper
11 x 12,3 cm
Signat Dali
p. 370

117. Sense text
Tinta / paper
4,7 x 9,8 cm
p. 373

118. *Dinner-jacket?*
Tinta / paper
10,8 x 9,9 cm
Signat i datat Salvador Dalí 1928
p. 374

119. *Furniture*
Tinta / paper
7,7 x 13,1 cm
Signat i datat G. S. Dali
p. 376

120. *BACCHANale Font-Romeu" juste avant la guerre*
Tinta / paper
10,2 x 11,3 cm
Signat Gala [...] Dalí
p. 379

121. *First progect for the decor of "Venusberg" - Never realized because of its high cost, and turned later, into a decor for "BACCHANAle"*
l'unique chosse qui resta de se proget cet la petite montaigne du foNd!
Tinta / paper
25,5 x 20 cm
Signat GALA DALI
p. 380

122. *Vertical Infantry, as against horizontal infantry; means of winning a battle by the unexpected use of stilts of the Landes country*
Tinta* / paper
23,7 x 23,6 cm
Signat i datat Salvador Dalí 1940
p. 382
Revers: Estudis per a vestuari del ballet *Bacchanale* de 1939

123. *Voila le genre de chosses que j'admire du poin de vu inventioN*
Intervenció a tinta / paper imprès
10,5 x 7,9 cm
p. 386

124. Sense text
Tinta* / paper
13,1 x 19,5 cm
Signat i datat Gala Salvador Dali 1941
p. 388

125. *I saw the story of Rome revived in the course of "reveries" During mi long strolls.*
Tinta / paper
13,9 x 13,6 cm
Signat i datat Gala Salvador Dalí 1940
p. 397

126. *RENAISSANCE*
Tinta / paper
7,7 x 14,6 cm
Signat i datat Gala Dalí 1942
p. 398

—

EPÍLEG

127. Sense text
Tinta / paper
13,4 x 12,2 cm
p. 399

TRADUCCIONES

PRESENTACIÓN

Este año de conmemoración del centenario del nacimiento de Salvador Dalí, me complace presentar en su Teatro-Museo la exposición de dibujos "La vida secreta de Salvador Dalí".

2004 es un año de celebraciones, pero también de investigación, análisis y profundización en el personaje y la obra. Salvador Dalí es un artista complejo, sorprendente, contradictorio, de una gran imaginación e indudable maestría técnica. Los dibujos que presentamos en el Teatro-Museo son una buena muestra.

El Teatro-Museo Dalí no se podía quedar al margen de esta celebración. La Fundación Gala-Salvador Dalí ha realizado un esfuerzo extraordinario para coordinar este centenario: con el préstamo de obras a numerosas exposiciones, tanto en el Estado español como en todo el mundo; con numerosas publicaciones; con el apoyo a la investigación para escritos, estudios y documentales; con la colaboración con el Festival de Peralada... Y, nosotros, por nuestra parte, en el Teatro-Museo hemos podido contar con la participación inestimable de un coleccionista particular que, gran amante de Dalí y deseoso de difundir su obra, nos ha prestado amablemente su colección de 125 dibujos –a la que hemos añadido dos más de nuestra propiedad– que sirvieron para ilustrar la magnífica autobiografía *La vida secreta de Salvador Dalí* escrita por Dalí en francés pero publicada por Dial Press en 1942 en versión inglesa de Haakon M. Chevalier.

Estos dibujos, distintos, muestra de gran conocimiento del oficio de dibujante, bellos, de gran riqueza iconográfica, se exponen en el tercer piso del Teatro-Museo. Les invitamos, gracias, como he dicho, a la generosidad de una colección particular y al apoyo vital y entusiasta de la Diputación de Girona, a acudir a nuestro Teatro-Museo para profundizar en el conocimiento de un Dalí dibujante magnífico.

RAMON BOIXADÓS MALÉ
Presidente de la Fundación Gala-Salvador Dalí

PRESENTACIÓN

La exposición que sobre la *Vida Secreta* se lleva a cabo en el Teatro-Museo permite a la Diputación de Girona expresar de forma rotunda, como Entidad Colaboradora, su adhesión al Año Dalí que se celebra este 2004, coincidiendo con el centenario del nacimiento del genial pintor ampurdanés.

La Diputación de Girona, de acuerdo con la Fundación Gala-Salvador Dalí, patrocina esta exposición, que ha sido posible gracias a la valiosa aportación de un particular que ha cedido para la misma 125 dibujos de su colección. De este modo, y en el mismo Figueres, se nos ofrece ahora la extraordinaria oportunidad de poder acercarnos un poco más a una de las múltiples facetas de la obra de Salvador Dalí Domènech, Marqués de Dalí de Púbol, sin duda, una de las figuras artísticas más conocidas y admiradas de la historia del arte del siglo XX.

Los dibujos que han sido cedidos forman parte de los que el artista utilizó para ilustrar la autobiografía *La vida secreta de Salvador Dalí* que, cuando aún era muy joven, él escribió con la voluntad, sobre todo, de ser escuchado. Y así lo dejó dicho: "He terminado de escribir este libro tan extenso de los secretos de mi vida, ya que esta vida que he vivido, por sí sola, me da derecho a ser escuchado. Y quiero que me escuchen..."

Podemos *escuchar* a Dalí en esta exposición porque nos facilita poder observar con detenimiento, *sentir* con los ojos el dominio que Dalí tenía del oficio de dibujante. Pero también porque –aunque sea a través de los dibujos– nos permitirá prestar más atención a una de las capacidades probablemente menos conocidas del artista y que es la de escritor, que él reivindicaba con énfasis asegurando ser mejor escritor que pintor.

Quizás esta reivindicación del Dalí escritor que hacía de sí mismo no es más que otra muestra de la complejidad de un artista sorprendente y contradictorio al mismo tiempo. Un Dalí que intentaba explicar, a través de distintos lenguajes, la complejidad del mundo en que vivió.

Ahora, en el Teatro-Museo, la complicidad, en el mejor sentido de la expresión, de la Diputación de Girona y la magnífica aportación de un particular se suman al esfuerzo realizado por la Fundación Gala-Salvador Dalí a lo largo de todo este año para invitarles a profundizar en el conocimiento del Dalí dibujante de su propia vida.

CARLES PÀRAMO PONSETÍ
Presidente de la Diputación de Girona

LA EXPOSICIÓN 'LA VIDA SECRETA DE SALVADOR DALÍ'

La Fundación Gala-Salvador Dalí presenta, para conmemorar el centenario del nacimiento del artista, la exposición de los dibujos que éste realizó para su autobiografía *La vida secreta de Salvador Dalí*. Esta muestra nos permite asociar al Dalí dibujante con el Dalí escritor.

El texto de *Vida secreta* se estructura en tres partes, encabezadas por un prólogo y con un epílogo final. La primera, de 5 capítulos, explica desde los recuerdos intrauterinos hasta los recuerdos reales de la infancia; la segunda, de 4 capítulos, va desde la adolescencia hasta 1929, año en el que expone en París y conoce a Gala; la tercera, de 5 capítulos, describe desde la iniciación a la vida en sociedad y la compra de su casa de Portlligat hasta la época en la que acaba sus memorias. En las dos últimas páginas de su autobiografía, declara de un modo bien significativo: "Terminé de escribir este largo libro de los secretos de mi vida, pues esta vida que viví, ella sola, me da derecho a ser oído. Y quiero que se me oiga. Soy la encarnación más representativa de la Europa de posguerra; viví todas sus aventuras, todos sus experimentos, todos sus dramas. Como protagonista de la revolución surrealista, conocí día a día los más leves incidentes y repercusiones de la evolución práctica del materialismo dialéctico y de las doctrinas seudofilosóficas basadas en los mitos de la sangre y la raza del nacional-socialismo; estudié largo tiempo la teología. Y en cada uno de los ideológicos atajos que mi cerebro hubo de tomar para ser siempre el primero, tuve que pagarlo caro, con la negra moneda de mis sudores y pasiones. Pero si participé, con el lúcido fanatismo característico de un español, en todas las investigaciones especulativas, aun las más contradictorias, jamás en mi vida quise, en cambio, pertenecer a ningún partido político. ¿Y cómo lo querría ahora, hoy, que la política está ya siendo devorada por la religión?". Y concluye manifestando: *"En este momento todavía no tengo fe y temo que moriré sin cielo"*.

Vida secreta es una autobiografía magnífica, a menudo considerada por la crítica como el mejor escrito de Salvador Dalí. Un relato lleno de verdades, medias verdades y también "falsedades". Es una narración que debemos leer para entender mejor la obra y, sobre todo, el personaje que va construyendo Salvador Dalí. Y, además, los hechos, las situaciones, los conceptos descritos o narrados en *Vida secreta* son magistralmente reforzados, en ocasiones incluso ejemplificados, por los dibujos que ahora se pueden ver en el Teatro-Museo Dalí como elementos de una eficaz simbiosis creativa entre el Dalí dibujante y el Dalí literato.

El artista elabora este texto durante su época americana: reside ininterrumpidamente en los Estados Unidos de 1940 a 1948 y lo redacta en casa de una de sus mecenas, Caresse Crosby, en el estado de Virginia. El libro tiene una buena acogida. La primera edición aparece publicada en inglés en 1942 por Dial Press, de Nueva York, con traducción de Haakon M. Chevalier. El manuscrito, que se conserva en el Centro de Estudios Dalinianos de la Fundación Gala-Salvador Dalí de Figueres, está escrito en francés, en un francés daliniano, fonético, particular, si bien cuando los dibujos de la colección particular llevan título manuscrito, éste suele ser en inglés.

Los dibujos, que, tanto en el catálogo como en la exposición, presentamos en el orden en el que aparecieron en la primera edición, se muestran sin su envoltura literaria y, en cierto modo, fuera de su contexto, pero ya por sí solos nos sitúan plenamente en la evolución artística y personal de Salvador Dalí y, de hecho, como la obra escrita de Dalí, son en sí mismos literarios y descriptivos. Dalí realizó, o en algunos casos seleccionó para ilustrar su obra, 136 dibujos, de los que mostramos los 125 provenientes de una colección particular y 2 que forman parte de los fondos de la Fundación Gala-Salvador Dalí. Existen 9 ilustraciones cuya localización desconocemos y, de éstas, 5 aparecen de nuevo en otra obra de Salvador Dalí, *Las metamorfosis eróticas*, publicada por Edita en francés en 1969.

La técnica de la mayoría de los dibujos es tinta china sobre papel –algunos con reverso– y en ocasiones Dalí manipula imágenes impresas con tinta para crear nuevas imágenes. La mayoría son de pequeño formato. Algunos incluyen un título o una explicación, según los casos, escrito por Dalí casi siempre en inglés. Aparecen también anotaciones en lápiz, que son indicaciones para el editor. Un caso curioso es el de "*September septembered*", en el que se ha escrito *Pencil out* y, efectivamente, en la publicación de Dial Press, la parte hecha en lápiz no aparece. Y están firmados, como es costumbre en Dalí, de formas diversas: Gala Salvador Dalí, Gala Dalí, Salvador Dalí, Dalí, Gala S Dalí, S. Dalí, G Salvador Dalí o G.S.Dalí. Las fechas también son diferentes, van de 1920 a 1942, aunque la fecha de alguno de ellos no se corresponde con la realidad. Dalí les otorga una fecha anterior a la real en consonancia con el relato de sus memorias, como sería el caso de su dibujo, un autorretrato, "*Was Fantastic*". Prosigue así el artista *jugando* con el lector-espectador y conduciéndole hacia donde él quiere, mezclando verdad y falsa verdad tanto biográfica como cronológica. Citando a Heráclito, como hace Dalí, diremos que a la naturaleza le gusta ocultarse.

Un breve recorrido por esta serie de dibujos nos permite captar las principales claves de la obra y, a la vez, la vida dalinianas –y siempre debemos tener en cuenta tanto la visión global de la imagen como la atención que otorga a algún elemento de su microcosmos, explicado con grandes precisiones. Son las intensas anécdotas que revitalizan la composición.

En el texto de uno de los primeros dibujos que encontramos, *"Form" is always the product of "inquisitorial" process of matter*, Dalí expone toda una declaración de principios: "¡Así también la rosa! ¡Toda flor vive en una prisión! Desde el punto de vista estético, la libertad es carencia de forma. Se sabe ahora, por descubrimientos recientes en morfología (¡loado sea Goethe por haber inventado esta palabra de incalculable importancia y que habría gustado a Leonardo!), que lo más frecuente son *precisamente* las tendencias heterogéneas y anarquistas, que presentan la mayor complejidad de antagonismos, las que conducen al reino triunfante de las más rigurosas jerarquías de la forma.".

En el capítulo primero, titulado "Autorretrato anecdótico", aparecen dos autorretratos, el primero de clara influencia rafaelesca, y, a continuación, significativamente, esbozos y retratos premonitorios de Sigmund Freud, realizados, tal como indica Dalí, dos años antes de la muerte del padre del psicoanálisis. En el capítulo cuarto, "Recuerdos falsos de la infancia", es donde aparecen a menudo las dobles imágenes o imágenes invisibles, tan ligadas a su particular concepción del mundo que refleja en su método paranoicocrítico, que nos hacen participar en el juego de buscar más allá de lo que percibimos a simple vista y nos agudizan la imaginación, viendo lo que no se ve al primer vistazo, descubriendo significados ocultos u olvidados. En el dibujo *"false memory" of a cloud of smoke resembling a human face perceived During a walk in the country with my father"* podemos percibir cómo explícitamente se indica la primera de estas imágenes dobles.

Al tratarse de una obra autobiográfica, Gala obviamente tampoco podía faltar: Gala como niña montando el unicornio del destino de Dalí; Gala caminando como victoria, la victoria daliniana; Gala como equilibrio inicial; Gala como Gradiva, la que avanza; Gala relacionada con el Renacimiento, con la tradición, representada en el dibujo titulado *Gala discovers and inspires the classicism of my Soul.....Cosmogony, a synthesis, ~~and~~ an architecture of eternity*, de incomparable maestría, o Gala fusionada con Dalí (la firma "Gala Dalí" aparece en algunos de los dibujos).

La etapa americana, la contemporánea en la autobiografía, también está bien presente: dibujos que hacen referencia al mundo del ballet, *Tristán Loco* y *Bacanal*, con el que colaboró; en la moda: el dibujo *"Proget de robe du soir"* 1939, donde Dalí añade irónicamente *"Elegant Woman"?*, es un buen ejemplo; proyectos de joyas, objetos surrealistas, como por ejemplo *typical surrealistic obgect, made to provoke special discomfort by use of flies drawn and stuckin various places by sugary substances* y otros tipos de objetos, de difícil clasificación, como *Progect for a silver candelabra to illuminate sinbolically my "adolescence", Progect for an ultra-sophisticated oil lamp for the exclusive use of the aristocracy*; referencias a la arquitectura de los rascacielos que nos recuerdan la serie de artículos sobre Nueva York que escribió e ilustró en *The American Weekly* en 1935. Y dos dibujos, claramente relacionados con los que ilustran su texto *50 secretos mágicos para pintar*, publicado por primera vez en inglés en 1948, como el titulado *first progect for my " thingking machine" which shall figure in the 'special editioN' of my Secret inventioNs*. Podemos asociar esta autobiografía a otras dos creaciones de Dalí, conjunto de texto e imagen, que son el citado *50 secretos mágicos...* y *Las metamorfosis eróticas*, más que a las obras que Dalí ilustra en los años 40: *Autobiografía* de Benvenuto Cellini (1946), la primera parte del *Quijote* (1946) y los *Ensayos* de Montaigne (1947). En los dibujos de *Vida secreta* podemos captar a un Dalí distinto al Dalí que ilustra, por encargo, textos de otros autores; se trata de un Dalí más libre y anárquico, que muestra una nueva faceta de sí mismo.

Su iconografía, conocida y reconocida en todo el mundo, aparece bien representada a lo largo de *Vida secreta*. En esta serie de dibujos podemos observar las figuras del *Ángelus* de Millet; los paisajes aislados y angustiosos; las figuras con sus respectivas sombras; figuras blandas, alguna, claramente, la del "gran masturbador"; las muletas; los cipreses; el teléfono-langosta; las hormigas; los personajes con cajones; su amado y recurrente paisaje del Empordà; Lídia Noguer; las arquitecturas: algunas, renacentistas, otras, blandas; las perspectivas, palladianas en ocasiones; el ojo –en el segundo dibujo relacionado con lo que después publicará en *50 secretos mágicos para pintar*–; la figura de san Sebastián, objeto del artículo que escribe en 1927, que publica en *L'Amic de les Arts* y dedica a su amigo Federico García Lorca; las referencias plásticas y escritas a Picasso. También hay que hacer alusión a dibujos significativos como el que encabeza la segunda parte, el de Gala, la que avanza –es decir, Gradiva, fuente literaria, inspiración de los surrealistas– de factura clásica, fantástico. La presencia de un retrato cubista del rey Alfonso XIII, el maravilloso retrato de Dullita o las dobles imágenes a las que ya hemos hecho referencia, como "*September*", donde destaca el rostro configurado por un jinete y su caballo, rocas, árboles antropomórficos y pequeños personajes, completan esta exposición, reflejo de la evolución artística y personal de Salvador Dalí. El Dalí niño, rey consentido o el Dalí joven, revolucionario, anarquista, tampoco podían faltar.

La muestra "La vida secreta de Salvador Dalí" nos permite descubrir que el dibujo sirve al artista no como una mera ilustración, sino que constituye una herramienta indispensable para seguir narrando sus memorias y para mostrarnos cómo Dalí se va acercando a los ideales de la tradición y del Renacimiento desde una actitud vital de búsqueda activa y perseverante. Estos dibujos –tal como hace el especial montaje museístico del Teatro-Museo Dalí– despiertan nuestro interés, también nuestra imaginación, y nos estimulan el deseo de leer –o releer– la autobiografía "genial" del creador ampurdanés. Dalí es un dibujante culto, sugerente, ornamental, también trasgresor e irónico, todas ellas características que, bien combinadas, son específicamente interesantes para ejercer de ilustrador. En *Vida secreta* texto e imagen se necesitan y se complementan. El Dalí dibujante y el Dalí escritor forman un todo, una cosmogonía sobre el origen y la formación del mundo daliniano.

MONTSE AGUER TEIXIDOR
Directora del Centro de Estudios Dalinianos de la Fundación Gala-Salvador Dalí

CATALOGACIÓN

NOTAS

Todos los dibujos pertenecen a una colección particular, excepto los números 1 y 9 que provienen de los fondos de la Fundación Gala-Salvador Dalí.

Salvo que se indique lo contrario, los dibujos no están firmados ni fechados.

Cuando en la catalogación encontramos "tinta*" significa que también hay anotaciones a lápiz añadidas por alguien como indicación para el editor.

Para identificar cada dibujo, hemos utilizado, cuando ha existido, el texto que Dalí escribió en el dibujo. El texto ha sido transcrito literalmente. En muchos casos, el artista destaca entre comillas lo que posiblemente considera como título.

Anotamos, bajo la catalogación, la página del libro donde aparece cada dibujo en la primera edición de *The Secret Life of Salvador Dalí* de Dial Press.

Únicamente destacamos aquellos reversos en los que se hace referencia a episodios de la *Vida Secreta* o bien los que son estudios de obras conocidas del artista.

Firma
Tinta / papel
9,3 x 24,3 cm.

1. Sin texto
DALI GALA
Tinta china, tintas de colores, lápiz y collage / papel
57,6 x 50,2 cm.
NI 2913
Firmado y fechado GALA SALVADOR DALI 1942
Este dibujo aparece en el frontispicio

—

PRÓLOGO

2. GALA DALI
Tinta* / papel
8,3 x 9,3 cm.
pág. 1

3. "Form" is always the product of "inquisitorial" process of matter.
Tinta / papel
17,3 x 17,1 cm.
Firmado GALA DALI
pág. 3

—

PRIMERA PARTE

4. Sin texto
Tinta* / papel
15,5 x 10,6 cm.
pág. 7

—

I. AUTORRETRATO ANECDÓTICO

5. *SALVADOR DALI 1927*
Tinta / papel
10,7 x 17,7 cm.
pág. 9

6. *"Moi"*
Tinta / papel
15,2 x 12,5 cm.
Firmado Dalí
pág. 16

7. *"morphologie" du crane de Sigmund Freud d'apres le principe de la volute et de l'escargot. Dessin d'apres nature deux ans avan sa mort*
Tinta* / papel
22,9 x 17 cm.
Firmado Salvador Dali
pág. 24

—

II. RECUERDOS INTRAUTERINOS

8. Sin texto
Tinta* / papel
9,2 x 7,5 cm.
pág. 26

9. *Suvenir intrauterins de Salvador Dalí*

1 himage d'origine hipnagogique remontan a la periode pre-natale de Salvador Dalí
2 PAtufet, hero legendere du foclor Catalan, qui vivait a l'intereur du ventre d'un beuf
3 embrion decendant en parachute, le parachute et le sinbole maternal
~~4 esquelete~~ esquelete ligote dans la posse enbrionaire, a l'interieur d'une cruche qui recoNstitue l'idee de l'euf
5 la "bolute" et l'enigme qui preside le fenomene de la vie et l'enbrioN de toute l'ornamentatioN
6
6 Casanova raporte dans ses ~~souveniRs~~ memoiRe des entecedans sensatioNels de souveniRs intra huteriNs.

También aparece una inscripción del propio Dalí. Se trata de una nota para el editor: *"also include footnote on Casanova from chapter American Weekly Inter-uterini Chapter"*

Tinta* y lápiz / cartón
76 x 51 cm.
NI 3441
pág. 28

10. Sin texto
Papel impreso
16,5 x 11,2 cm.
pág. 28

—

III. NACIMIENTO DE SALVADOR DALÍ

11. Sin texto
Tinta* / papel
11 x 7,3 cm.
pág. 33

—

IV. RECUERDOS FALSOS DE LA INFANCIA

12. Sin texto
Tinta* / papel
10,7 x 9,1 cm.
Firmado y fechado Gala Salvador Dali 1941
pág. 35

13. *"false memory" of a cloud of smoke resembling a human face perceived During a walk in the country with my father"*
Tinta / papel
7,7 x 16,4 cm.
pág. 37

14.*"False memory probably inspired by the face of a lawyer friend of my father combined an antique mythological engraving"*
Tinta / papel
16,4 x 14,7 cm.
pág. 39

15. *"moi et ma mere"*
Tinta / papel
10,6 x 27,5 cm.
Firmado y fechado Salvador Dali 1936
pág. 43

16. *"False memory of a vast ornamental visage in a state of deconposition"*
Tinta / papel
11,6 x 21,7 cm.
Firmado Gala Salvador Dalí
pág. 46

17. *"False memori of a lady in the shape of a spoon"*
Tinta* / papel
13,7 x 15,6 cm.
pág. 49

18. Sin texto
Dalí identifica los personajes de la ilustración: *Buchaques galouchka Dalí*
Tinta / papel
13,4 x 16,9 cm.
pág. 54

19. Sin texto
Tinta / papel
9,2 x 16 cm.
pág. 59

20. Sin texto
Tinta / papel
11,5 x 11 cm.
pág. 60

21. Sin texto
Tinta / papel (reverso de papel impreso)
7,1 x 15,5 cm.
Firmado GALA S DALI
pág. 62

—

V. RECUERDOS REALES DE LA INFANCIA

22.*"all my real memoires ~~inspired by~~ are sealed vith the sense of death"*
Etude de Cranes deformes
Tinta / papel
19,7 x 24,7 cm.
Firmado y fechado Salvador Dalí 1933
pág. 65

23. *"Studio in the laundry"*
Tinta / papel
16 x 14,5 cm.
pág. 71

24. *Mulí de la Torre*
Tinta* / papel
20,6 x 27,5 cm.
pág. 76

25. *Forms in rotation"*
Intervención a tinta / papel impreso
7,8 x 7,5 cm.
Firmado y fechado Gala Dali 1931
pág. 78

HISTORIA DE LA RECOGIDA DE LA FLOR DEL TILO Y LA MULETA

26. *"Dullita"*
Tinta / papel
14,5 x 5,4 cm.
pág. 91

27. ...*"Eruption of final ignominy"*.
Tinta / papel
8,2 x 8,4 cm.
Firmado y fechado Gala Salvador Dalí 1941
pág. 94

28. Sin texto
Tinta / papel
9 x 8,4 cm.
pág. 97

29. Sin texto
Tinta / papel
11,7 x 9 cm.
pág. 100

30. *"Beethoven's cranium"*
Tinta / papel
27,5 x 20,5 cm.
Firmado y fechado Gala Salvador Dali 1941
pág. 106

31. Sin texto
Tinta / papel
16 x 21,6 cm.
Firmado y fechado Gala Salvador Dali 1942
pág. 109

—

SEGUNDA PARTE

32. *GALA CELLE qui AVANCE*
Tinta* / papel
23 x 34,7 cm.
Firmado y fechado Salvador Dalí 1942
pág. 113

VI. ADOLESCENCIA; LANGOSTA; EXPULSIÓN DEL COLEGIO; FIN DE LA GUERRA EUROPEA

33. Dalí in an anarchistic mood, walking in the country of Figueras at sundown.
Tinta* / papel
13,4 x 13,1 cm.
Fechado 1922
pág. 115

34. *PAU PAU Y SEMPRE.... PAU..! B.M*
c. 1916-17
Tinta / papel (reverso de papel impreso)
17,8 x 11,1 cm.
pág. 117

35. Sin texto
Tinta / papel
9,9 x 9,9 cm.
pág. 129

36. *"Dalí riskes death inventing the counter-submarine"*
Dalí identifica el lugar que aparece en la ilustración: *"Figueras"*
Tinta / papel
20,7 x 21,7 cm.
pág. 137

—

VII. "AQUELLO"; ESTUDIOS FILOSÓFICOS; AMOR INSATISFECHO; EXPERIMENTOS TÉCNICOS; MI "PERÍODO DE LA PIEDRA"; FIN DE UNA RELACIÓN AMOROSA; LA MUERTE DE MI MADRE

37. *"Philosophic StudieS"*
Tinta / papel
10,3 x 7,5 cm.
Firmado Dalí
pág. 139

38. *"Helen of Troy"*
Tinta / papel (reverso de papel impreso)
3,9 x 3,6 cm.
Firmado y fechado Salvador Dali 1941
pág. 140

39. *Progect for a silver candelabra to illuminate sinbolically my "adolescence"*
Intervención a tinta / papel impreso
23,3 x 15,9 cm.
Firmado GALA S DALI
pág. 141

40. *"Tristan and Isolde"*
Tinta* / papel (reverso de papel impreso)
10,2 x 6,6 cm.
Firmado y fechado Salvador Dali 1940
pág. 145

41. Sin texto
Tinta / papel (reverso de papel impreso)
10,5 x 7 cm.
pág. 146

42. Sin texto
Tinta / papel (reverso de papel impreso)
21,3 x 13,3 cm.
pág. 147

43. Sin texto
Tinta / papel
11,8 x 14 cm.
Firmado Salvador Dalí
pág. 151

—

VIII. APRENDIZAJE DE LA GLORIA; MI PADRE CONSIENTE EN MI CARRERA ARTÍSTICA; EXAMEN DE INGRESO; SUSPENSIÓN DE LA ESCUELA DE BELLAS ARTES DE MADRID; DANDISMO Y PRISIÓN

44. *Project for a cask for "mad Tristan"*
Tinta / papel
8,3 x 8,5 cm.
Firmado y fechado Gala Salvador Dalí 193[...]
Fecha ilegible
pág. 154

45. *"Was Fantastic"*
Tinta y lápiz / papel
9,1 x 10,4 cm.
Firmado y fechado Salvador Dali 191920 1920
pág. 160

46. *"Cubist" portrait of King Alfonso XIII. sketch made inmediately after our meeting.*
Tinta y lápiz / papel
16,2 x 13,7 cm.
Firmado Salvador Dalí
pág. 163

47. *Picasso's influence was followed by most tipical extra-plastic preoccupation "Person swallowin saliva with difficulty"*
Tinta / papel
14 x 11,7 cm.
Firmado y fechado SALVADOR DALI 1925
pág. 174

48. *"Person swallowing saliva with "ease*
Tinta* / papel doblado
11 x 16,7 cm.
Papel desdoblado: 28 x 16,7 cm.
Firmado Salvador Dalí
pág. 175

49. *"Head molested by flies"*
Tinta / papel
11,2 x 12 cm.
Firmado y fechado Salvador Dali 1926
pág. 177

50. *Picassos influence... Dessin de l'epoque*
Tinta / papel
13,8 x 17 cm.
Firmado Salvador Dali
pág. 184

51. *"Proget de robe du soir" 1939 "Elegan Woman"?*
Tinta / papel
16 x 9,6 cm.
Firmado S. Dali
Fechado 1939
pág. 193

52. *vermouths, olives, clams ect ect..*
Tinta* / papel
15,5 x 9,6 cm.
pág. 195

IX. REGRESO A MADRID; EXPULSIÓN DEFINITIVA DE LA ESCUELA DE BELLAS ARTES; VIAJE A PARÍS; ENCUENTRO CON GALA; LOS PRINCIPIOS DEL DIFÍCIL IDILIO CON MI SOLO Y ÚNICO AMOR; SOY REPUDIADO POR MI FAMILIA

53. Sin texto
Tinta / papel
16,3 x 13,6 cm.
Firmado GALA DALI
pág. 200

54. *F. G LORCA 1924*
Pour Federico Salvador Dalí
Madrid cafe de ORIENTE"
Tinta* y lápiz / papel
12,6 x 9,1 cm.
Firmado Salvador Dalí
Fechado 1924
pág. 203

55. *"Gala as a child mounted on the unicorn of my Fate"*
Tinta / papel
17 x 20,3 cm.
Firmado Dali
pág. 218

56. Sin texto
Tinta / papel
16,2 x 16,7 cm.
Firmado y fechado Dalí 1942
pág. 224

57. *"Gala already walks like victory- mi victory"*
Tinta / papel
17,3 x 13,3 cm.
pág. 232

58. "Relax"
Tinta / papel
9,5 x 12 cm.
Firmado y fechado Dalí 1938
pág. 234

—

CUENTO DEL MANIQUÍ DE CERA CON LA NARIZ DE AZÚCAR

59. ..*Gradiva*...
Tinta / papel
11,1 x 16 cm.
pág. 239

60. *"we must have it over with!" "white or black"?*
Tinta / papel
13,2 x 15,4 cm.
Firmado Salvador Dali
pág. 242

61. Sin texto
Tinta / papel
10 x 6,6 cm.
pág. 242

62. *"we became one in a maelstrom - the volute of my lost "paradise"*
Tinta / papel
17,2 x 11,2 cm.
Firmado y fechado Gala Salvador Dali 1941
pág. 244

63. *"September septembered"*
Tinta y lápiz / papel
28,2 x 21,7 cm.
pág. 246

64. ...*Engraved these words: Take advantage of her and kill her'!..*
Tinta / papel
14,3 x 13,3 cm.
Firmado y fechado Gala S. DALI 1941
pág. 247

65. *Alcohol*
Tinta / cartón
14,9 x 7,8 cm.
Firmado Salvador Dalí
pág. 250

66. Sin texto
Tinta / papel
4,7 x 8 cm.
pág. 251

67. Sin texto
Tinta / papel
14,8 x 8,4 cm.
Firmado Gala Salvador Dali 1940
pág. 253

—

TERCERA PARTE

68. Sin texto
Tinta* / papel
27 x 25,3 cm.
Firmado y fechado Gala Salvador Dalí 1942
pág. 255

X. INICIACIÓN A LA VIDA DE SOCIEDAD; MULETAS; ARISTOCRACIA; HOTEL DU CHÂTEAU DE CARRY-LE-ROUET; LIDIA; PORT LLIGAT; INVENTOS; MÁLAGA; POBREZA; L'ÂGE D'OR

69. *Emaill, or dans le genrre de "Fraberge" ocasioN d'hutilisse ici mes inventioNs sur l'emaill en fibres - aussi les ieux [pourrai] regarde continuellement, par mon autre inventioN des troubles visuels [provoques] par les [segures] de couleur conplementaires [tenir] [conte] des meubles etrusques et de la facon come ils enploaye l'or dans des feiilles miNces come le papier de chocolat tout cela et bon Dali*
Tinta / papel
13 x 9,3 cm.
Firmado Dalí y firmado y fechado G. Salvador Dalí 1930
pág. 257

70. *"Bon jour chere amie!" "Progect for spectral costumes, for afternoon stroller. The inside of pockets light up at night."*
Tinta / papel
26,6 x 20,3 cm.
Firmado GALA DALI
pág. 259

71. *CRUTCHES*
Tinta / papel
9,4 x 8,1 cm.
Firmado y fechado Gala Dalí 1936
pág. 261

72. ...*remember Hôtel du Chateau at Carry-le-Rouet..*
Tinta / papel
10,1 x 18,6 cm.
Firmado GALA DALÍ
Fecha ilegible
pág. 263

73. Sin texto
Tinta / papel
6,5 x 9,5 cm.
pág. 265

74. *Idealistic tower in which took place the 'reveries' about Gala. I lived in it in imagination during a period of at least three months.*
Tinta / papel
16,3 x 13,6 cm.
Firmado y fechado GALA DALI 1939
pág. 269

75. *Fly – catching telephone*
Tinta / papel
9 x 12 cm.
Firmado S. Dali
pág. 271

76. Sin texto
Dalí identifica y describe los personajes de la ilustración: *Dali putrifying Gala translucid and sur imprecions*
Tinta / papel
5,5 x 6,6 cm.
pág. 274

77. *viejo MalagueÑo*
Tinta / papel
9,8 x 10,4 cm.
Firmado y fechado Dalí 1936
pág. 275

78. *Gala, with a build like a boy's... her breasts bares and i had taken out*
Tinta / papel
18,2 x 18,8 cm.
Firmado y fechado Gala Salvador Dalí 1941
pág. 275

79. Sin texto
Tinta / papel
13,5 x 12,7 cm.
pág. 280

80. Sin texto
Tinta / papel
21,7 x 17,4 cm.
pág. 281

81. *¡Scandal!*
Intervención a tinta / papel impreso
6,6 x 10,9 cm.
pág.283

82. *macchiavellism macchiavellism*
Tinta / papel
19 x 16,6 cm.
pág. 284

83. *macchiavellism*
Tinta / papel
3,5 x 4,5 cm.
pág. 284

—

XI. MI LUCHA; MI PARTICIPACIÓN Y MI POSICIÓN EN LA REVOLUCIÓN SURREALISTA; "OBJETO SURREALISTA" CONTRA "SUEÑO NARRADO", ACTIVIDAD CRÍTICO-PARANOICA CONTRA AUTOMATISMO

84. *telephoNe telephoNe telephone ¡TELEPHONE!*
Tinta* / papel
7,4 x 7,6 cm.
pág. 286

85. Sin texto
Tinta / papel (reverso del dibujo nº 112)
21,2 x 15,2 cm.
pág. 288

86. Sin texto
Papel impreso / cartón
5,2 x 3,9 cm.
cartón: 14,5 x 9,5 cm.
pág. 289

87. *Project for spectral furniture, with live jewels provided with reflectors for alternative and decreasing lighting.*
Tinta / papel
31 x 24 cm.
Firmado y fechado Salvador Dali 1937
pág. 291

88. *Progect for an ultra-sophisticated oil lamp for the exclusive use of the aristocracy*
Tinta / papel
16,5 x 10,9 cm.
Firmado GSalvador Dali y firmado y fechado GALA DALI 1939
pág. 294

89. *Facility Pederasty Cocaine*
Tinta / papel
13,5 x 10,7 cm.
Firmado y fechado Gala Salvador Dali 1930
pág. 295

90. *"Gala, a Paris"*
Tinta / papel
13 x 11,5 cm.
Firmado Dalí
pág. 296

91. *"Gala a Cadaques" Port-Lligat*
Tinta / papel
13,9 x 24 cm.
pág. 300

92. *"September"*
Tinta / papel
8,5 x 9,2 cm.
pág. 303

93. *typical surrealistic obgect, made to provoke special discomfort by use of flies drawn and stuckin various places by sugary substances. I have amused myself, all my life, by playing with flies, rather than chasing them away.*
Intervención a tinta / papel impreso
11,3 x 7,1 cm.
Firmado y fechado Gala Salvador Dali 1931
pág. 307

94. *"Disturbing imatge"*
Intervención a tinta / papel impreso
7,2 x 4,9 cm.
pág. 308

95. Sin texto
Tinta / papel
15,7 x 12,6 cm.
Firmado Salvador Dalí
pág. 310

96. *first progect for my "thingking machine" which shall figure in the 'special editioN' of my Secret inventioNs himage virtuelles fosfenes himages interpretes Boursse seletioNatrice himage double himage triple resultante selectione*
Intervención a tinta / papel impreso
8 x 13,5 cm.
Firmado y fechado Gala Salvador Dali 1935
pág. 313

97. *Gala discovers and inspires the classicism of my Soul... ..Cosmogony, a synthesis, ~~and~~ an architecture of eternity.*
Tinta / papel
30 x 23,7 cm.
Firmado y fechado Gala Salvador Dalí 1941
pág. 316

98. *"inpossible to commercialize" Project for a theatre setliNg, based on the myth of San Sebastian.*
Intervención a tinta / papel impreso
8,7 x 11,8 cm.
Firmado y fechado Gala Salvador Dalí 1939
pág. 319

99. *Dalinian a watch deconposes itself very quickly sometimes the hours bleed like Christ...*
Intervención a tinta / papel impreso
5,7 x 7 cm.
Firmado y fechado Gala Salvador Dali 1939
pág. 325

100. *New-York ?*
Tinta / papel
6,8 x 12,6 cm.
Firmado y fechado Gala Salvador Dalí 1938
pág. 331

101. *Progect for "mad TrisTan" poetry of New York [Colliere] neurosis Artificial vampire organ of Babel wagner, GAudi Boecklin*
Tinta / papel
22 x 28 cm.
pág. 335
Reverso: Esbozo para el dibujo del anverso

102. *Progect for an ashtray and cigarette holder mounted oN the back of a live turtle*
Tinta / papel
13,3 x 10,7 cm.
Firmado y fechado GALA S DALI 1940
pág. 337

103. *Progect for jewels, opening and closing by a mechanism similar to that of watch (necklaces that breathe, diamoNds with te palpitaing rythm of a heart ect.)*
Tinta / papel
8,4 x 8 cm.
Firmado y fechado G[ala] Salv[ador] Dali 1939
pág. 340

104. *Proget pour Jean Michel Franch The principle of stilt applied to the building of a Mediterranean "hammock"*
Tinta / papel
10,7 x 17 cm.
Firmado Gala Salvador Dali
pág. 341
Reverso: Estudio para el óleo *Aparición de un rostro y un frutero en una playa* de 1938 y otros esbozos

105. *Esthetic ("Anti-historic"!)*
Tinta / papel
23,7 x 18,5 cm.
Firmado y fechado Gal[a] Salvad[or] Dalí 1939
pág. 343

XII. GLORIA ENTRE LOS DIENTES, ANGUSTIA ENTRE LAS PIERNAS; GALA DESCUBRE E INSPIRA EL CLASICISMO DE MI ALMA

106. *sub-renal anatomy of Gala*
Tinta* / papel
9,2 x 7 cm.
pág. 344

107. *"New Flesh"*
Tinta / papel
7,7 x 7,3 cm.
pág. 347

108. *"Not one day goes by that i don't ride, 'til the infinite, the horse of my imagination"*
Tinta / papel
9,5 x 18,4 cm.
Firmado y fechado G Salvador Dali 1939
pág. 349

—

XIII. METAMORFOSIS; MUERTE; RESURRECCIÓN

109. *against Politics – For metaphysics*
Tinta* / papel
25,1 x 16,3 cm.
Firmado y fechado Dali 1937
pág. 351

110. *"Gala initial equilibrium"*
Tinta / papel
7,4 x 6 cm.
pág. 353

111. *militiAmAN OF F.A.I*
Tinta / papel
18,6 x 10 cm.
pág. 355
Reverso: Esbozo para el dibujo del anverso

112. *"L'Elan vital"*
Tinta / papel (anverso del dibujo nº 85)
15,2 x 21,2 cm.
Firmado Gala S Dali
pág. 359

113. *"mad TRisTan"*
Project masquerade costumes never executed becausse is was "too mad"
Tinta / papel
20,9 x 19,2 cm.
Firmado GALA S DALI
pág. 362

114. *POPE JOLIO'S VILLA*
Dalí identifica los personajes de la ilustración: *GARBO Dalí*
Tinta* / papel
12,3 x 4,8 cm.
pág. 364

—

XIV. FLORENCIA; MÚNICH EN MONTECARLO; BONWIT TELLER; NUEVA GUERRA EUROPEA; BATALLA ENTRE MLLE. CHANEL Y M. CALVET; REGRESO A ESPAÑA; LISBOA; DESCUBRIMIENTO DEL APARATO PARA FOTOGRAFIAR EL PENSAMIENTO; COSMOGONÍA; PERENNE VICTORIA DE LA HOJA DEL ACANTO; RENACIMIENTO

115. *"ornamental inquisition"*
Tinta* / papel
13,1 x 16,2 cm.
pág. 369

116. *Bacchanale grand Hotel -- nous appreNons la nouvelle de la mobilisatioN generalle mauvais temps*
Tinta / papel
11 x 12,3 cm.
Firmado Dali
pág. 370

117. Sin texto
Tinta / papel
4,7 x 9,8 cm.
pág. 373

118. *Dinner-jacket?*
Tinta / papel
10,8 x 9,9 cm.
Firmado y fechado Salvador Dalí 1928
pág. 374

119. *Furniture*
Tinta / papel
7,7 x 13,1 cm.
Firmado y fechado G. S. Dali
pág. 376

120. *BACCHANale Font-Romeu" juste avant la guerre*
Tinta / papel
10,2 x 11,3 cm.
Firmado Gala [...] Dalí
pág. 379

121. *First progect for the decor of "Venusberg" - Never realized because of its high cost, and turned later, into a decor for "BACCHANAle" l'unique chosse qui resta de se proget cet la petite montaigne du foNd!*
Tinta / papel
25,5 x 20 cm.
Firmado GALA DALI
pág. 380

122. *Vertical Infantry, as against horizontal infantry; means of winning a battle by the unexpected use of stilts of the Landes country*
Tinta* / papel
23,7 x 23,6 cm.
Firmado y fechado Salvador Dalí 1940
pág. 382
Reverso: Estudios para vestuario del ballet *Bacchanale* de 1939

123. *Voila le genre de chosses que j'admire du poin de vu inventioN*
Intervención a tinta / papel impreso
10,5 x 7,9 cm.
pág. 386

124. Sin texto
Tinta* / papel
13,1 x 19,5 cm.
Firmado y fechado Gala Salvador Dali 1941
pág. 388

125. *I saw the story of Rome revived in the course of "reveries" During mi long strolls.*
Tinta / papel
13,9 x 13,6 cm.
Firmado y fechado Gala Salvador Dalí 1940
pág. 397

126. *RENAISSANCE*
Tinta / papel
7,7 x 14,6 cm.
Firmado y fechado Gala Dalí 1942
pág. 398

—

EPÍLOGO

127. Sin texto
Tinta / papel
13,4 x 12,2 cm.
pág. 399

180 TRANSLATIONS

PRESENTATION

This year, in which we are commemorating a hundred years since the birth of Salvador Dalí, it is my pleasure to present the exhibition of drawings entitled "The Secret Life of Salvador Dalí" at his Theatre-Museum.

2004 is a year of celebration but also of research, analysis and a journey towards a deeper understanding of the person and his work. Salvador Dalí is a complex artist, surprising and contradictory, with a huge imagination and unmistakeable technical skill. And this is amply evident in these drawings currently on display at the Theatre-Museum.

The Dalí Theatre-Museum could not remain a mere witness to this year of celebration. The Gala-Salvador Dalí Foundation has shouldered the remarkable effort involved in coordinating this centenary: with the loan of works to various exhibitions, both in Spain and around the world; with numerous publications; supporting research for articles, investigation and documentaries; cooperating with the Peralada Festival;... and we, in our turn, at the Theatre-Museum, have been blessed with the invaluable participation of a private collector who, being a great Dalí enthusiast and wishing to spread knowledge about the artist's work, has kindly loaned us his collection of 125 drawings, to which we have added two more from our own collection, which should serve to illustrate the magnificent autobiography, *The Secret Life of Salvador Dalí*, written by Dalí in French but published by Dial Press in 1942 in an English version by Haakon M. Chevalier.

These drawings, unusual as they are, which demonstrate Dalí's great drawing skills, beautiful and rich in iconography, are exhibited on the third floor of the Theatre-Museum. We invite you, thanks to the generosity of a private collector, as I have said, and to the energetic and enthusiastic support of the Diputació de Girona (the provincial government of Girona), to come to our Theatre-Museum and to discover for yourself in greater depth the magnificent draughtsman that was Dalí.

RAMON BOIXADÓS I MALÉ
President of the Gala-Salvador Dalí Foundation

PRESENTATION

The *Secret Life* exhibition held at the Theatre-Museum provides the Diputació de Girona (the provincial government of Girona) with the opportunity to express, categorically and as a Collaborating Institution, its commitment to the Year of Dalí celebrated in 2004, coinciding with the centenary of the birth of this genius painter from the Empordà region.

In close cooperation with the Gala-Salvador Dalí Foundation, the Diputació de Girona is sponsoring this exhibition, made possible by to the invaluable contribution of a private individual who has loaned 125 drawings from his own collection. Consequently, in the heart of Figueres, we are now being offered the extraordinary opportunity to undertake a special journey towards a greater knowledge of one of the multiple facets of the work of Salvador Dalí Domènech, Marquès de Dalí de Púbol, clearly one of the best-known and most admired artists in the history of twentieth century art.

The drawings on loan form part of the ones used by the artist to illustrate his autobiography, *The Secret Life of Salvador Dalí*, which he wrote while still very young, with the desire, above all else, to be heard. And that is precisely what Dalí said: "I have just written this long book on the secrets of my life because this life I have lived, all alone, gives me the right to be heard. And I want to be heard...."

We can *hear* Dalí in this exhibition because it helps us to take a much closer look at and to *feel* Dalí's mastery as a draughtsman with our eyes. But also because, even if it is through the drawings, this exhibition will encourage us to pay more attention to what is probably one of the lesser known skills of the artist, namely his skill as a writer, which he emphatically declared his own, even claiming he was a better writer than painter.

Perhaps this claim that Dalí the writer made for himself is nothing more than yet another example of the complexity of an artist who is both shocking and contradictory. A Dalí who, through the use of different "languages", attempted to explain the complexity of the world he lived in.

Now, at the Theatre-Museum, the Diputació de Girona's complicity, in the best sense of the word, and the magnificent contribution of a private individual complement the efforts made by the Gala-Salvador Dalí Foundation throughout this year to invite us to learn more about Dalí drawing his own life.

CARLES PÀRAMO I PONSETÍ
President of the Diputació de Girona

'THE SECRET LIFE OF SALVADOR DALÍ' – THE EXHIBITION

To commemorate the centenary of Dalí's birth, the Gala-Salvador Dalí Foundation presents the exhibition of the drawings the artist created to illustrate his autobiography, *The Secret Life of Salvador Dalí*. This exhibition enables us to relate Dalí the draughtsman to Dalí the writer.

The text of *Secret Life* is divided into three sections, as well as being prefaced by a prologue and containing a final epilogue. The first part, of 5 chapters in length, explains both memories in the womb and real memories of his infancy; the second, containing 4 chapters, relates his teenage years and continues up to 1929, the year when he exhibited in Paris and met Gala; the third section, comprising five chapters, describes his initial introduction into Society and the purchase of his home at Portlligat, and continues up to the time when his memoirs end. On the last two pages of his autobiography he declares, quite significantly, that "I have just finished writing this long book of the secrets of my life, for this life that I have lived, this alone, gives me authority to be heard. And I want to be heard. I am the most representative incarnation of post-war Europe; I have lived all its adventures, all its experiments, all its dramas. As a protagonist of the surrealist revolution I have known from day to day the slightest intellectual incidents and repercussions in the practical evolution of dialectical materialism and of the pseudo-philosophical doctrines based on the myths of blood and race of National-Socialism; I have long studied theology. And in each of the ideological short-cuts which my brain had to take so as always to be the first I have had to pay dear, with the black coin of my sweat and passion. But if I have participated, with the lucid fanaticism characteristic of the Spaniard that I am, in all the speculative searches, even the most contradictory, I have never in my life been willing, on the other hand, to belong to any political party whatsoever. And how should I be willing to do so now, today, when politics is already in the process of being devoured by religion?" And he concludes by saying *"At this moment I do not yet have faith, and I fear I shall die without heaven"*.

Secret Life is a magnificent autobiography, often considered by critics as Salvador Dalí's best writing. A story packed with truths, half truths and also "untruths". It is a tale that makes essential reading for all those interested in reaching a deeper understanding of Salvador Dalí's work and especially of the personality he later constructed. Moreover, the facts, situations and concepts that are described or narrated in *Secret Life* are masterfully reinforced, sometimes even exemplified, by the drawings that can now be seen at the Dalí Theatre-Museum, as elements of an effective creative symbiosis between Dalí the draughtsman and Dalí the literary figure.

The artist wrote this text during his American period: he lived continuously in the United States from 1940 to 1948 and wrote at the house of one of his patrons, Caresse Crosby, in the state of Virginia. The book was well received. The first edition appeared in English in 1942 published by Dial Press, in New York, with a translation by Haakon M. Chevalier. The manuscript, which is kept at the Center for Dalinian Studies of the Gala-Salvador Dalí Foundation in Figueres, is written in French, a Dalíesque French, phonetic, particular, although when the drawings from the private collection have a handwritten title, this is usually in English.

The drawings, which we present in the order they first appeared in the first edition, both in the catalogue and in the exhibition, are shown without their literary wrappings and, to a certain extent, out of context, but are sufficient in themselves to situate us fully in Salvador Dalí's artistic and personal evolution at that point in time and, in fact, as a written work by Dalí, are themselves both literary and descriptive. Dalí created, or in some cases selected to illustrate his work, 136 drawings, of which we are exhibiting 125 from a private collection and 2 that form part of the archives of the Gala-Salvador Dalí Foundation. There are nine illustrations whose location is unknown and, of these, five appear again in another work by Salvador Dalí, *Erotic Metamorphoses*, published by Edita in French in 1969.

The technique of most of the drawings is Indian ink on paper - some with a reverse side - and with some, Dalí has manipulated printed ink images to create new ones. Most are small format. Some have a title while others appear with an explanation, depending on his personal choice, almost always written by Dalí in English. Some notes also appear in pencil, which are indications for the editor. One fascinating example is that of "*September septembered*", on which has been written *Pencil out* and, in fact, in the Dial Press edition, the part in pencil does not appear. As was customary for Dalí, they are signed in different ways: Gala Salvador Dalí, Gala Dalí, Salvador Dalí, Dalí, Gala S Dalí, S. Dalí, G Salvador Dalí or G. S. Dalí. The dates are also different, ranging from 1920 to 1942, although some of them are not accurately dated. Dalí has dated them earlier than their real date in accordance with the telling of his memoirs, such as with his self-portrait, "*Was Fantastic*". In this way, the artist continues *playing* with the reader-viewer and leading him or her wherever he wants, mixing truth and false truth, both biographical and chronological. Citing Heraclitus, as Dalí does, we would say that Nature loves to hide.

A brief tour of this series of drawings enables us to grasp the key principles of Dalí's work and, at the same time, his life, and we must always bear in mind both the overall view of the image as well as the attention given to an element of its microcosm, explained in great detail. The intense anecdotes revitalise the composition.

In the text of one of the first drawings, we can read *"Form" is always the product of "inquisitorial" process of matter.* Dalí gives quite a complete explanation of principles. "So too the rose! Each flower grows in a prison! In the aesthetic point of view freedom is formlessness. It is now known, through recent findings in morphology (glory be to Goethe for having invented this word of incalculable moment, a word that would have appealed to Leonardo!) that most often it is precisely the heterogeneous and anarchistic tendencies offering the greatest complexity of antagonisms that lead to the triumphant reign of the most rigorous hierarchies of form."

In the first chapter, entitled "Anecdotic Self-Portrait", two self portraits appear, the first with clear Raphaelesque influences and, immediately afterwards, significantly, premonitory sketches and portraits of Sigmund Freud, according to Dalí produced two years before the death of the father of psychoanalysis. In the fourth chapter, "False Childhood Memories", often appear dual or invisible images, so frequently associated with his particular conception of the world, reflecting his paranoiac-critic method, and these images force us to take part in the game of looking beyond what we perceive by merely seeing and sharpen our imagination, meaning in turn we can then see what we had not noticed at first glance, discovering hidden or ignored meanings. In the drawing *"false memory" of a cloud of smoke resembling a human face perceived During a walk in the country with my father"*, we can see how the first of these dual images is explicitly indicated.

As this is an autobiographical work, Gala could obviously not be omitted: Gala as an infant riding the unicorn of fate of Dalí; Gala walking as if to victory, to Dalíesque victory; Gala as an initial balance; Gala as Gradiva, the one who advances; Gala associated with the Renaissance, with tradition, represented in the drawing entitled *"Gala discovers and inspires the classicism of my soul...... cosmogony, a synthesis, an architecture of eternity"*, of incomparable mastery, or Gala fused with Dalí (the signature "Gala Dalí" appears on some of the drawings).

The American period, the period contemporary to the autobiography, is also well represented: drawings referring to the world of ballet, *Mad Tristan* and *Bacchanale*, with which he collaborated; to fashion: a good example of this is the drawing *"Proget de robe du soir"* 1939, where Dalí ironically adds *"Elegan woman"?*; projects of jewellery, surrealist objects, such as *typical surrealistic obgect, made to provoke special discomfort by use of flies drawn and stuckin various places by sugary substances* and other kinds of objects, difficult to classify, such as *Progect for a silver candelabra to illuminate sinbolically my "adolescence", Progect for an ultra-sophisticated oil lamp for the exclusive use of the aristocracy;* references to the architecture of the skyscrapers reminding us of the series of articles about New York written and illustrated by Dalí for *The American Weekly* in 1935. And two drawings, clearly related to those illustrating his text, *50 Secrets of Magic Craftsmanship*, published for the first time in English in 1948, as well as the *first progect for my " thingking machine" which shall figure in the 'special editioN' of my Secret inventioNs.* We can associate this autobiography with two other Dalí creations, a combination of text and image, the aforementioned *50 Secrets of Magic...* and *The Erotic Metamorphoses*, rather than with the works Dalí illustrates in the 40's: *Autobiography* by Benvenuto Cellini (1946), the first part of *Quixote* (1946) and the *Essays* of Montaigne (1947).

In the drawings of *Secret Life*, we can see a different Dalí from the one who illustrated the texts of other writers to order; it is a freer, more anarchic Dalí, showing a new facet of himself.

His iconography, well-known and recognised the world over, is well represented throughout *Secret Life*. In this series of drawings, we can observe the figures of the *Angelus* by Millet; the isolated, distressing landscapes; figures with their respective shadows; pliant figures, some clearly that of the "great masturbator"; crooks; cypresses; the telephone-lobster; ants; people with drawers; his well-loved and persistent visions of the countryside of the Empordà; Lídia Noguer; the architecture; some, Renaissance, others, pliant; the perspectives, some of them Palladian; the eye, in the second drawing related to those he would publish later in *50 Secrets of Magic Craftsmanship;* the figure of Saint Sebastian, the subject of the article he wrote in 1927, published in *L'Amic de les Arts* and dedicated to his friend, Federico García Lorca; visual and written references to Picasso. We should also note significant drawings like the one that leads into the second section of the book, that of Gala, the woman advancing, in other words, Gradiva, a literary source, inspiration of the surrealists, with classical, fantastic features. The presence of a cubist portrait of King Alfons XIII, the marvellous portrait of Dullita or the dual images we have already mentioned, such as "*September*", of note being the face made up of a rider and his mount, rocks, anthropomorphic trees and small figures, completing this exhibition, a reflection on the artistic and personal evolution of Salvador Dalí. Dalí the child, a spoilt king, or Dalí the young man, the revolutionary, the anarchist, could not be left out either.

The exhibition entitled "The Secret Life of Salvador Dalí" proves that Dalí used his drawings not as mere illustration but as an indispensable tool to continue narrating his memories. What's more, it shows us how Dalí came closer to the ideals of tradition and of the Renaissance from a vital attitude of active, unrelenting investigation. These drawings, as with the special museum montage of the Dalí Theatre-Museum, awaken our interest and also our imagination and stimulate in us the desire to read, or re-read, the "genius" autobiography of the creator from the Empordà. Dalí is a cultured draughtsman, emotive, decorative, but also rebellious and ironic. These characteristics when all combined specifically serve as an example or illustration of who this man was. The *Secret Life* text and image need and complement each other. Dalí the draughtsman and Dalí the writer form a whole, a cosmogony on the origin and formation of Dalí's world.

MONTSE AGUER I TEIXIDOR
Director of the Center for Dalinian Studies of the Gala-Salvador Dalí Foundation

CATALOGUE

NOTES

All the drawings belong to a private collection except for numbers 1 and 9, which come from the Archives of the Gala-Salvador Dalí Foundation.

Unless otherwise indicated, the drawings are not signed or dated.

The term "ink*" in the catalogue means that there are also notes in pencil added by someone as an indication to the editor.

In order to identify each drawing, we have used the text that Dalí wrote on the drawing whenever this exists. The text has been transcribed literally. In many cases, the artist has highlighted, between inverted commas, what might be considered as a title.

Below the catalogue entry, we have noted the page of the book where each drawing appears in the first edition of The Secret Life of Salvador Dalí by Dial Press.

We have only indicated those reverse sides which refer to episodes in The Secret Life or are studies for well-known works by the artist.

Signature
Ink on paper
9,3 x 24,3 cm

1. No text
DALI GALA
Indian ink, coloured inks, pencil and collage / paper
57,6 x 50,2 cm
NI 2913
Signed and dated GALA SALVADOR DALI 1942
This drawing appears in the frontispiece

PROLOGUE

2. GALA DALI
Ink* on paper
8,3 x 9,3 cm
p. 1

3. *"Form" is always the product of "inquisitorial" process of matter.*
Ink on paper
17,3 x 17,1 cm
Signed GALA DALI
p. 3

—

PART ONE

4. No text
Ink* on paper
15,5 x 10,6 cm
p. 7

—

I. ANECDOTIC SELF-PORTRAIT

5. *SALVADOR DALI 1927*
Ink on paper
10,7 x 17,7 cm
p. 9

6. *"Moi"*
Ink on paper
15,2 x 12,5 cm
Signed Dalí
p. 16

7. *"morphologie" du crane de Sigmund Freud d'apres le principe de la volute et de l'escargot. Dessin d'apres nature deux ans avan sa mort*
Ink* on paper
22,9 x 17 cm
Signed Salvador Dalí
p. 24

—

II. INTRA-UTERINE MEMORIES

8. No text
Ink* on paper
9,2 x 7,5 cm
p. 26

9. *Suvenir intrauterins de Salvador Dalí*

1 himage d'origine hipnagogique remontan a la periode pre-natale de Salvador Dalí
2 PAtufet, hero legendere du foclor Catalan, qui vivait a l'intereur du ventre d'un beuf
3 embrion decendant en parachute, le parachute et le sinbole maternal
~~4 esquelete~~ esquelete ligote dans la posse enbrionaire, a l'interieur d'une cruche qui recoNstitue l'idee de l'euf
5 la "bolute" et l'enigme qui preside le fenomene de la vie et l'enbrioN de toute l'ornamentatioN
6
6 Casanova raporte dans ses ~~souveniRs~~ memoiRe des entecedans sensatioNels de souveniRs intra huteriNs.

There is also a hand written note by Dalí himself to the editor:
"also include footnote on Casanova from chapter American Weekly Inter-uterini Chapter"
Ink* and pencil on cardboard
76 x 51 cm
NI 3441
p. 28

10. No text
Printed paper
16,5 x 11,2 cm
p. 28

—

III. BIRTH OF SALVADOR DALI

11. No text
Ink* on paper
11 x 7,3 cm
p. 33

—

IV. FALSE CHILDHOOD MEMORIES

12. No text
Ink* on paper
10,7 x 9,1 cm
Signed and dated Gala Salvador Dali 1941
p. 35

13. "*false memory" of a cloud of smoke resembling a human face perceived During a walk in the country with my father*"
Ink on paper
7,7 x 16,4 cm
p. 37

14. "*False memory probably inspired by the face of a lawyer friend of my father combined an antique mythological engraving*"
Ink on paper
16,4 x 14,7 cm
p. 39

15. "*moi et ma mere*"
Ink on paper
10,6 x 27,5 cm
Signed and dated Salvador Dali 1936
p. 43

16. "*False memory of a vast ornamental visage in a state of deconposition*"
Ink on paper
11,6 x 21,7 cm
Signed Gala Salvador Dalí
p. 46

17. "*False memori of a lady in the shape of a spoon*"
Ink* on paper
13,7 x 15,6 cm
p. 49

18. No text
Dalí identifies the characters of the illustration: *Buchaques galouchka Dalí*
Ink on paper
13,4 x 16,9 cm
p. 54

19. No text
Ink on paper
9,2 x 16 cm
p. 59

20. No text
Ink on paper
11,5 x 11 cm
p. 60

21. No text
Ink on paper (reverse of printed paper)
7,1 x 15,5 cm
Signed GALA S DALI
p. 62

—

V. TRUE CHILDHOOD MEMORIES

22. "*all my real memoires ~~inspired by~~ are sealed vith the sense of death*"
Etude de Cranes deformes
Ink on paper
19,7 x 24,7 cm
Signed and dated Salvador Dalí 1933
p. 65

23. "*Studio in the laundry*"
Ink on paper
16 x 14,5 cm
p. 71

24. *Mulí de la Torre*
Ink* on paper
20,6 x 27,5 cm
p. 76

25. *Forms in rotation*"
Ink on printed paper
7,8 x 7,5 cm
Signed and dated Gala Dali 1931
p. 78

THE STORY OF THE LINDEN-BLOSSOM PICKING AND THE CRUTCH

26. "*Dullita*"
Ink on paper
14,5 x 5,4 cm
p. 91

27. ..."*Eruption of final ignominy*".
Ink on paper
8,2 x 8,4 cm
Signed and dated Gala Salvador Dalí 1941
p. 94

28. No text
Ink on paper
9 x 8,4 cm
p. 97

29. No text
Ink on paper
11,7 x 9 cm
p. 100

30. "*Beethoven's cranium*"
Ink on paper
27,5 x 20,5 cm
Signed and dated Gala Salvador Dali 1941
p. 106

31. No text
Ink on paper
16 x 21,6 cm
Signed and dated Gala Salvador Dali 1942
p. 109

—

PART TWO

32. *GALA CELLE qui AVANCE*
Ink* on paper
23 x 34,7 cm
Signed and dated Salvador Dalí 1942
p. 113

VI. ADOLESCENCE; GRASSHOPPER; EXPULSION FROM SCHOOL; END OF THE EUROPEAN WAR

33. *Dalí in an anarchistic mood, walking in the country of Figueras at sundown.*
Ink* on paper
13,4 x 13,1 cm
Dated 1922
p. 115

34. *PAU PAU Y SEMPRE.... PAU..! B.M*
c. 1916-17
Ink on paper (reverse of printed paper)
17,8 x 11,1 cm
p. 117

35. No text
Ink on paper
9,9 x 9,9 cm
p. 129

36. *"Dalí riskes death inventing the counter-submarine"*
Dalí identifies the place portrayed in: *"Figueras"*
Ink on paper
20,7 x 21,7 cm
p. 137

—

VII. "IT"; PHILOSOPHIC STUDIES; UNFULFILLED LOVE; TECHNICAL EXPERIMENTS; MY "STONE PERIOD"; END OF LOVE AFFAIR; MOTHER'S DEATH

37. *"Philosophic StudieS"*
Ink on paper
10,3 x 7,5 cm
Signed Dalí
p. 139

38. *"Helen of Troy"*
Ink on paper (reverse of printed paper)
3,9 x 3,6 cm
Signed and dated Salvador Dali 1941
p. 140

39. *Progect for a silver candelabra to illuminate sinbolically my "adolescence"*
Ink on printed paper
23,3 x 15,9 cm
Signed GALA S DALI
p. 141

40. *"Tristan and Isolde"*
Ink* on paper (reverse of printed paper)
10,2 x 6,6 cm
Signed and dated Salvador Dali 1940
p. 145

41. No text
Ink on paper (reverse of printed paper)
10,5 x 7 cm
p. 146

42. No text
Ink on paper (revers of printed paper)
21,3 x 13,3 cm
p. 147

43. No text
Ink on paper
11,8 x 14 cm
Signed Salvador Dalí
p. 151

—

VIII. APPRENTICESHIP OF THE GLORY; FATHER CONSENTS TO ARTISTIC CAREER; ENTRANCE EXAMINATION; SUSPENSION FROM THE SCHOOL OF FINE ARTS OF MADRID; DANDYISM AND PRISON

44. *Project for a cask for "mad Tristan"*
Ink on paper
8,3 x 8,5 cm
Signed and dated Gala Salvador Dalí 193[...]
Illegible date
p. 154

45. *"Was Fantastic"*
Ink and pencil on paper
9,1 x 10,4 cm
Signed and dated Salvador Dali 191920 1920
p. 160

46. *"Cubist" portrait of King Alfonso XIII.*
sketch made inmediately after our meeting.
Ink and pencil on paper
16,2 x 13,7 cm
Signed Salvador Dalí
p. 163

47. *Picasso's influence was followed by most tipical extra-plastic preoccupation*
"Person swallowin saliva with difficulty"
Ink on paper
14 x 11,7 cm
Signed and dated SALVADOR DALI 1925
p. 174

48. *"Person swallowing saliva with "ease*
Ink* on folded paper
11 x 16,7 cm
Unfolded paper: 28 x 16,7 cm
Signed Salvador Dalí
p. 175

49. *"Head molested by flies"*
Ink on paper
11,2 x 12 cm
Signed and dated Salvador Dali 1926
p. 177

50. *Picassos influence...*
Dessin de l'epoque
Ink on paper
13,8 x 17 cm
Signed Salvador Dali
p. 184

51. *"Proget de robe du soir"* 1939
"Elegan Woman"?
Ink on paper
16 x 9,6 cm
Signed S. Dali
Dated 1939
p. 193

52. *vermouths, olives, clams ect ect..*
Ink* on paper
15,5 x 9,6 cm
p. 195

IX. RETURN TO MADRID; PERMANENT EXPULSION FROM THE SCHOOL OF FINE ARTS; VOYAGE TO PARIS; MEETING WITH GALA; BEGINNINGS OF THE DIFFICULT IDYLL OF MY SOLE AND ONLY LOVE STORY; I AM DISOWNED BY MY FAMILY

53. No text
Ink on paper
16,3 x 13,6 cm
Signed GALA DALI
p. 200

54. *F. G LORCA 1924 Pour Federico Salvador Dalí Madrid cafe de ORIENTE"*
Ink* and pencil on paper
12,6 x 9,1 cm
Signed Salvador Dalí
Dated 1924
p. 203

55. *"Gala as a child mounted on the unicorn of my Fate"*
Ink on paper
17 x 20,3 cm
Signed Dali
p. 218

56. No text
Ink on paper
16,2 x 16,7 cm
Signed and dated Dalí 1942
p. 224

57. *"Gala already walks like victory- mi victory"*
Ink on paper
17,3 x 13,3 cm
p. 232

58. *"Relax"*
Ink on paper
9,5 x 12 cm
Signed and dated Dalí 1938
p. 234

—

TALE OF THE WAX MANIKIN WITH THE SUGAR NOSE

59. *..Gradiva...*
Ink on paper
11,1 x 16 cm
p. 239

60. *"we must have it over with!" "white or black"?*
Ink on paper
13,2 x 15,4 cm
Signed Salvador Dali
p. 242

61. No text
Ink on paper
10 x 6,6 cm
p. 242

62. *"we became one in a maelstrom - the volute of my lost "paradise"*
Ink on paper
17,2 x 11,2 cm
Signed and dated Gala Salvador Dali 1941
p. 244

63. *"September septembered"*
Ink and pencil on paper
28,2 x 21,7 cm
p. 246

64. *...Engraved these words: Take advantage of her and kill her'!..*
Ink on paper
14,3 x 13,3 cm
Signed and dated Gala S. DALI 1941
p. 247

65. *Alcohol*
Ink on cardboard
14,9 x 7,8 cm
Signed Salvador Dalí
p. 250

66. No text
Ink on paper
4,7 x 8 cm
p. 251

67. No text
Ink on paper
14,8 x 8,4 cm
Signed Gala Salvador Dali 1940
p. 253

—

PART THREE

68. No text
Ink* on paper
27 x 25,3 cm
Signed and dated Gala Salvador Dalí 1942
p. 255

X. BEGINNINGS IN SOCIETY; CRUTCHES; ARISTOCRACY; HÔTEL DU CHÂTEAU IN CARRY-LE-ROUET; LYDIA; PORT LLIGAT; INVENTIONS; MALAGA; POVERTY; L'ÂGE D'OR

69. *Emaill, or dans le genrre de "Fraberge" ocasioN d'hutilisse ici mes inventioNs sur l'emaill en fibres - aussi les ieux [pourrai] regarde continuellement, par mon autre inventioN des troubles visuels [provoques] par les [segures] de couleur conplementaires [tenir] [conte] des meubles etrusques et de la facon come ils enploaye l'or dans des feiilles miNces come le papier de chocolat tout cela et bon Dali*
Ink on paper
13 x 9,3 cm
Signed Dalí and signed and dated G. Salvador Dalí 1930
p. 257

70. *"Bon jour chere amie!" "Progect for spectral costumes, for afternoon stroller. The inside of pockets light up at night."*
Ink on paper
26,6 x 20,3 cm
Signed GALA DALI
p. 259

71. *CRUTCHES*
Ink on paper
9,4 x 8,1 cm
Signed and dated Gala Dalí 1936
p. 261

72. *...remember Hôtel du Chateau at Carry-le-Rouet..*
Ink on paper
10,1 x 18,6 cm
Signed GALA DALÍ
Illegible date
p. 263

73. No text
Ink on paper
6,5 x 9,5 cm
p. 265

74. *Idealistic tower in which took place the 'reveries' about Gala. I lived in it in imagination during a period of at least three months.*
Ink on paper
16,3 x 13,6 cm
Signed and dated GALA DALI 1939
p. 269

75. *Fly - catching telephone*
Ink on paper
9 x 12 cm
Signed S. Dali
p. 271

76. No text
Dalí identifies and describes the characters of the illustration: *Dali putrifying Gala translucid and sur imprecions*
Ink on paper
5,5 x 6,6 cm
p. 274

77. *viejo MalagueÑo*
Ink on paper
9,8 x 10,4 cm
Signed and dated Dalí 1936
p. 275

78. *Gala, with a build like a boy's... her breasts bares and i had taken out*
Ink on paper
18,2 x 18,8 cm
Signed and dated Gala Salvador Dalí 1941
p. 275

79. No text
Ink on paper
13,5 x 12,7 cm
p. 280

80. No text
Ink on paper
21,7 x 17,4 cm
p. 281

81. *¡Scandal!*
Ink on printed paper
6,6 x 10,9 cm
p. 283

82. *macchiavellism macchiavellism*
Ink on paper
19 x 16,6 cm
p. 284

83. *macchiavellism*
Ink on paper
3,5 x 4,5 cm
p. 284

—

XI. MY BATTLE; MY PARTICIPATION AND MY POSITION IN THE SURREALIST REVOLUTION; "SURREALIST OBJECT" VERSUS "NARRATED DREAM"; CRITICAL-PARANOIAC ACTIVITY VERSUS AUTOMATISM

84. *telephoNe telephoNe telephone ¡TELEPHONE!*
Ink* on paper
7,4 x 7,6 cm
p. 286

85. No text
Ink on paper (reverse of the drawing No. 112)
21,2 x 15,2 cm
p. 288

86. No text
Printed paper on cardboard
5,2 x 3,9 cm
Cardboard: 14,5 x 9,5 cm
p. 289

87. *Project for spectral furniture, with live jewels provided with reflectors for alternative and decreasing lighting.*
Ink on paper
31 x 24 cm
Signed and dated Salvador Dali 1937
p. 291

88. *Progect for an ultra-sophisticated oil lamp for the exclusive use of the aristocracy*
Ink on paper
16,5 x 10,9 cm
Signed GSalvador Dali and signed and dated GALA DALI 1939
p. 294

89. *Facility Pederasty Cocaine*
Ink on paper
13,5 x 10,7 cm
Signed and dated Gala Salvador Dali 1930
p. 295

90. *"Gala, a Paris"*
Ink on paper
13 x 11,5 cm
Signed Dalí
p. 296

91. *"Gala a Cadaques" Port-Lligat*
Ink on paper
13,9 x 24 cm
p. 300

92. *"September"*
Ink on paper
8,5 x 9,2 cm
p. 303

93. *typical surrealistic obgect, made to provoke special discomfort by use of flies drawn and stuckin various places by sugary substances. I have amused myself, all my life, by playing with flies, rather than chasing them away.*
Ink on printed paper
11,3 x 7,1 cm
Signed and dated Gala Salvador Dali 1931
p. 307

94. *"Disturbing imatge"*
Ink on printed paper
7,2 x 4,9 cm
p. 308

95. No text
Ink on paper
15,7 x 12,6 cm
Signed Salvador Dalí
p. 310

96. *first progect for my "thingking machine" which shall figure in the 'special editioN' of my Secret inventioNs*
himage virtuelles fosfenes himages interpretes Boursse seletioNatrice himage double himage triple resultante selectione
Ink on printed paper
8 x 13,5 cm
Signed and dated Gala Salvador Dali 1935
p. 313

97. *Gala discovers and inspires the classicism of my Soul...*
..Cosmogony, a synthesis, ~~and~~ an architecture of eternity.
Ink on paper
30 x 23,7 cm
Signed and dated Gala Salvador Dalí 1941
p. 316

98. *"inpossible to commercialize"*
Project for a theatre setliNg, based on the myth of San Sebastian.
Ink on printed paper
8,7 x 11,8 cm
Signed and dated Gala Salvador Dalí 1939
p. 319

99. *Dalinian*
a watch deconposes itself very quickly sometimes the hours bleed like Christ...
Ink on printed paper
5,7 x 7 cm
Signed and dated Gala Salvador Dali 1939
p. 325

100. *New-York ?*
Ink on paper
6,8 x 12,6 cm
Signed and dated Gala Salvador Dalí 1938
p. 331

101. *Progect for "mad TrisTan" poetry of New York*
[Colliere] neurosis Artificial vampire organ of Babel wagner, GAudi Boecklin
Ink on paper
22 x 28 cm
p. 335
Reverse: Sketch for the drawing on the obverse

102. *Progect for an ashtray and cigarette holder mounted oN the back of a live turtle*
Ink on paper
13,3 x 10,7 cm
Signed and dated GALA S DALI 1940
p. 337

103. *Progect for jewels, opening and closing by a mechanism similar to that of watch (necklaces that breathe, diamoNds with te palpitaing rythm of a heart ect.)*
Ink on paper
8,4 x 8 cm
Signed and dated G[ala] Salv[ador] Dali 1939
p. 340

104. *Proget pour Jean Michel Franch The principle of stilt applied to the building of a Mediterranean "hammock"*
Ink on paper
10,7 x 17 cm
Signed Gala Salvador Dali
p. 341
Reverse: Study for the painting *Apparition of Face and Fruit Dish on a Beach* of 1938 and other sketches.

105. *Esthetic ("Anti-historic"!)*
Ink on paper
23,7 x 18,5 cm
Signed and dated Gal[a] Salvad[or] Dalí 1939
p. 343

—

XII. GLORY BETWEEN THE TEETH, ANGUISH BETWEEN THE LEGS; GALA DISCOVERS AND INSPIRES THE CLASSICISM OF MY SOUL

106. *sub-renal anatomy of Gala*
Ink* on paper
9,2 x 7 cm
p. 344

107. *"New Flesh"*
Ink on paper
7,7 x 7,3 cm
p. 347

108. *"Not one day goes by that i don't ride, 'til the infinite, the horse of my imagination"*
Ink on paper
9,5 x 18,4 cm
Signed and dated G Salvador Dali 1939
p .349

—

XIII. METAMORPHOSIS; DEATH; RESURRECTION

109. *against Politics - For metaphysics*
Ink* on paper
25,1 x 16,3 cm
Signed and dated Dali 1937
p. 351

110. *"Gala initial equilibrium"*
Ink on paper
7,4 x 6 cm
p. 353

111. *militiAmAN OF F.A.I*
Ink on paper
18,6 x 10 cm
p. 355
Reverse: Sketch for the drawing on the obverse

112. *"L'Elan vital"*
Ink on paper (obverse of the drawing No. 85)
15,2 x 21,2 cm
Signed Gala S Dali
p. 359

113. *"mad TRisTan"*
Project masquerade costumes never executed becausse is was "too mad"
Ink on paper
20,9 x 19,2 cm
Signed GALA S DALI
p. 362

114. *POPE JOLIO'S VILLA*
Dalí identifies the characters of the illustration: *GARBO Dalí*
Ink* on paper
12,3 x 4,8 cm
p. 364

XIV. FLORENCE; MUNICH IN MONTE CARLO; BONWIT TELLER; NEW EUROPEAN WAR; BATTLE BETWEEN MLLE. CHANEL AND M. CALVET; RETURN TO SPAIN; LISBON; DISCOVERY OF THE APPARATUS FOR PHOTOGRAPHING THOUGHT; COSMOGONY; PERENNIAL VICTORY OF THE ACANTHUS LEAF; RENAISSANCE

115. *"ornamental inquisition"*
Ink* on paper
13,1 x 16,2 cm
p. 369

116. *Bacchanale grand Hotel -- nous appreNons la nouvelle de la mobilisatioN generalle mauvais temps*
Ink on paper
11 x 12,3 cm
Signed Dali
p. 370

117. No text
Ink on paper
4,7 x 9,8 cm
p. 373

118. *Dinner-jacket?*
Ink on paper
10,8 x 9,9 cm
Signed and dated Salvador Dalí 1928
p. 374

119. *Furniture*
Ink on paper
7,7 x 13,1 cm
Signed and dated G. S. Dali
p. 376

120. *BACCHANale Font-Romeu" juste avant la guerre*
Ink on paper
10,2 x 11,3 cm
Signed Gala [...] Dalí
p. 379

121. *First progect for the decor of "Venusberg" – Never realized because of its high cost, and turned later, into a decor for "BACCHANAle" l'unique chosse qui resta de se proget cet la petite montaigne du foNd!*
Ink on paper
25,5 x 20 cm
Signed GALA DALI
p. 380

122. *Vertical Infantry, as against horizontal infantry; means of winning a battle by the unexpected use of stilts of the Landes country*
Ink* on paper
23,7 x 23,6 cm
Signed and dated Salvador Dalí 1940
p. 382
Reverse: Studies for the costumes for the ballet *Bacchanale* of 1939

123. *Voila le genre de chosses que j'admire du poin de vu inventioN*
Ink on printed paper
10,5 x 7,9 cm
p. 386

124. No text
Ink* on paper
13,1 x 19,5 cm
Signed and dated Gala Salvador Dali 1941
p. 388

125. *I saw the story of Rome revived in the course of "reveries" During mi long strolls.*
Ink on paper
13,9 x 13,6 cm
Signed and dated Gala Salvador Dalí 1940
p. 397

126. *RENAISSANCE*
Ink on paper
7,7 x 14,6 cm
Signed and dated Gala Dalí 1942
p. 398

EPILOGUE

127. No text
Ink on paper
13,4 x 12,2 cm
p. 399

TRADUCTIONS

PRÉSENTATION

En cette année de commémoration du centenaire de la naissance de Salvador Dalí, j'ai le plaisir de vous présenter l'exposition de dessins sur le thème "La vie secrète de Salvador Dalí" dans son Théâtre-Musée.

2004 est une année de célébrations mais également de recherches, d'analyses et d'approfondissements sur la vie du personnage et de son œuvre. Salvador Dalí est un artiste complexe, surprenant, contradictoire, possédant une formidable imagination et une maîtrise technique incontestable. Les dessins exposés au Théâtre-Musée en sont une preuve irréfutable.

Le Théâtre-Musée Dalí se devait de participer à cette commémoration. La Fondation Gala-Salvador Dalí a réalisé un effort extraordinaire pour coordonner ce centenaire. À titre d'exemple, on peut citer le prêt d'œuvres à de nombreuses expositions se déroulant au sein de l'État espagnol et dans le monde entier, les nombreuses publications, le soutien apporté à la recherche sous formes de textes ou documentaires, la collaboration avec le Festival de Peralada, etc. Et de notre côté, nous avons pu compter sur la participation inestimable d'un collectionneur privé, adorateur de Dalí et désireux de répandre l'œuvre de l'artiste, qui nous a aimablement prêté sa collection composée de 125 dessins –à laquelle nous avons ajouté deux oeuvres provenant de notre propre fonds– utilisés pour illustrer la magnifique autobiographie *La vie secrète de Salvador Dalí* écrite en français par Dali, traduite en anglais par Haakon M. Chevalier et éditée chez Dial Press en 1942.

L'exposition de ces dessins au troisième étage du Théâtre-Musée permet, grâce à leurs différences, leur beauté et leur incroyable richesse iconographique, de démontrer l'immense connaissance que possédait Dalí de l'art du dessin. Sans oublier de remercier la générosité du collectionneur privé ainsi que le soutien capital et l'enthousiasme de la Diputació de Girona (Conseil provincial), nous vous invitons à venir à notre Théâtre-Musée pour approfondir vos connaissances sur l'incroyable dessinateur que fut Dalí.

RAMON BOIXADÓS I MALÉ
Président de la Fondation Gala-Salvador Dalí

PRÉSENTATION

L'exposition sur le thème de la *Vie Secrète*, qui a lieu au Théâtre-Musée, permet à la Diputació de Girona (Conseil provincial), en tant qu'Entité Collaboratrice, de manifester pleinement sa participation à l'Année Dalí, commémorée en cette année 2004 et coïncidant avec le centenaire de la naissance de ce peintre exceptionnel originaire de l'Empordà.

La Diputació de Girona, avec l'accord de la Fondation Gala-Salvador Dalí, parraine cette exposition rendue possible par la générosité d'un collectionneur privé qui a prêté 125 dessins provenant de sa collection. C'est ainsi qu'à Figueres, vous avez désormais l'opportunité de pouvoir approcher et découvrir les multiples facettes de l'œuvre de Salvador Dalí Domènech, Marquis de Dalí de Púbol, sans doute l'un des artistes les plus reconnus et appréciés de l'histoire de l'art du XXème siècle.

Ces dessins font partie de ceux qu'a utilisés Dalí pour l'illustration de l'autobiographie *La vie secrète de Salvador Dalí* qu'il a écrite dans sa jeunesse avec la volonté farouche d'être écouté. Ainsi, l'a-t-il laissé entendre : « J'ai achevé l'écriture de ce livre si long, retraçant les secrets de ma vie, car l'existence que j'ai vécue, à elle seule, me donne le droit d'être écouté. Et je veux que vous m'écoutiez… »

Vous pourrez *écouter* Dali lors de cette exposition qui permet d'observer en détail et de *sentir* avec les yeux, la maîtrise dont faisait preuve Dalí au niveau de l'art du dessin. Mais aussi parce-que, à travers les dessins, vous pourrez également prêter attention à l'un des dons probablement moins connus de Dalí, celui de l'écriture, qu'il revendiquait avec une certaine force expressive tout en se considérant meilleur écrivain que peintre.

Il est fort possible que l'idée, exprimée par Dalí lui-même en tant qu'écrivain, ne soit autre qu'une démonstration supplémentaire de la complexité d'un artiste surprenant et à la fois contradictoire. Un Dalí qui tentait de faire comprendre la complexité du monde qui l'entourait à travers différents langages.

Aujourd'hui, la collaboration entre la Diputació de Girona et ce collectionneur privé s'ajoute aux efforts réalisés tout au long de l'année par la Fondation Gala-Salvador Dalí afin de pouvoir vous convier à la découverte du Théâtre-Musée pour approfondir vos connaissances sur Dalí, dessinateur de sa propre existence.

CARLES PÀRAMO I PONSETÍ
Président de la Diputació de Girona

EXPOSITION 'LA VIE SECRÈTE DE SALVADOR DALÍ'

La Fondation Gala-Salvador Dalí présente, en commémoration du centenaire de la naissance de l'artiste, l'exposition des dessins réalisés pour son autobiographie intitulée *La vie secrète de Salvador Dalí*. Cette exposition permet le rapprochement entre le Dalí dessinateur et le Dalí écrivain.

Le texte de *La vie secrète* est structuré en trois parties, commençant par un prologue et avec un épilogue final. La première partie, de 5 chapitres, se rapporte aux souvenirs intra-utérins et termine sur les vrais souvenirs d'enfance de l'artiste. La deuxième partie, de 4 chapitres, embrasse l'époque de son adolescence jusqu'en 1929, année durant laquelle il expose à Paris et rencontre Gala. La troisième partie, composée de 5 chapitres, révèle son initiation à la vie en société et l'achat de sa maison à Portlligat, et finit sur ses mémoires. Dans les deux dernières pages de son autobiographie, il déclare clairement: « Je viens d'écrire ce long livre des secrets de ma vie, qui seul pouvait me donner l'autorité nécessaire pour être entendu. Et je veux être entendu du monde entier, car je suis l'incarnation la plus représentative de l'Europe d'après-guerre, en ayant vécu toutes les aventures, toutes les expériences, toutes les drames. Franc-tireur de la révolution surréaliste, j'ai connu, jour par jour, les moindres incidences, les moindres répercussions intellectuelles de l'évolution du matérialisme dialectique et des doctrines faussement philosophiques qui se fondaient sur les mythes du sang et de la race au nom du national-socialisme. La théologie même n'a plus guère de secrets pour moi. Mon esprit s'est pressé d'être le premier de tous, de comprendre avant les autres, même s'il devait payer ses extraordinaires découvertes du prix de ma sueur la plus intense, de ma passion la plus exaltée. Si j'ai participé avec le fanatisme d'un Espagnol à toutes les recherches spéculatives, même les plus opposées, je n'ai, en revanche, jamais de ma vie accepté d'appartenir à un parti politique quelle que fût l'idéologie dont il prétendait relever. Et comment pourrais-je l'accepter encore aujourd'hui, à l'heure où la politique se laisse dévorer par la religion ? ». Il conclut en disant: *« A cette heure je n'ai pas encore la Foi et je crains de mourir sans Ciel.»*

La vie secrète est une autobiographie magnifique, souvent considérée par les critiques comme le meilleur texte de Salvador Dalí. Un récit plein de vérités, de demi-vérités et de mensonges aussi. C'est un récit à lire si l'on veut mieux comprendre l'œuvre et surtout le personnage que s'est construit Salvador Dalí. En outre, les faits, les situations, les concepts décrits ou relatés dans *La vie secrète* sont magistralement renforcés, parfois même exemplifiés, à travers les dessins qui sont aujourd'hui exposés au Théâtre-Musée Dalí, représentant ainsi la symbiose créative entre le Dalí dessinateur et le Dalí écrivain.

L'artiste a écrit ce texte pendant son époque "américaine". Il vécut aux États-Unis de 1940 à 1948 sans interruption, et l'a rédigé dans la maison d'une de ses mécènes, Caresse Crosby, située dans l'état de Virginie. Le livre fut apprécié par le public. La première édition a été traduite à l'anglais par Haakon M. Chevalier et publiée chez Dial Press à New York en 1942. Le manuscrit, conservé au Centre d'Études Daliniennes de la Fondation Gala-Salvador Dalí de Figueres, est écrit dans un français typiquement dalinien, phonétique et très particulier et bien que les titres des dessins appartenant à la collection privée, lorsqu'il y en a, soient écrits en anglais.

Les dessins, aussi bien dans le catalogue que dans l'exposition, sont présentés dans le même ordre d'apparition que lors de la première édition. Ils sont exposés sans leurs références littéraires, sortis de leur contexte en quelque sorte, mais ils se suffisent à eux-mêmes pour nous représenter pleinement l'évolution artistique et personnelle de Salvador Dalí car, tout comme l'œuvre écrite par Dalí, ce sont des œuvres littéraires et descriptives. Dalí a réalisé, ou a parfois sélectionné parmi ses oeuvres, 136 dessins dont 125 nous ont été prêtés par un collectionneur privé et 2 proviennent des fonds de la Fondation Gala-Salvador Dalí. Il existe 9 illustrations dont nous ne connaissons pas le ou les propriétaires et desquelles 5 apparaissent dans une autre œuvre de Salvador Dalí, *Les métamorphoses érotiques*, publiée en français chez Edita en 1969.

Les dessins sont pour la plupart à l'encre de Chine sur du papier (quelques uns étant dessinés recto verso) et dans certains cas, Dalí manipule des images imprimées à l'encre pour en créer de nouvelles. La majorité des dessins sont en petit format. Quelques-uns possèdent un titre ou une explication, presque toujours rédigé en anglais par Dalí. Des annotations faites au crayon sont également visibles. Elles servaient à donner des indications à l'éditeur. Un exemple curieux est celui du dessin "*September septembered*", sur lequel est écrit *Pencil out*. Lorsque l'on compare ce dessin avec l'édition Dial Press, le dessin au crayon a disparu. Ils sont signés, comme c'est habituel chez Dalí, de différentes façons: Gala Salvador Dalí, Gala Dalí, Salvador Dalí, Dalí, Gala S Dalí, S. Dalí, G Salvador Dalí ou G. S. Dalí. Les dates sont également différentes puisque la réalisation de ces œuvres est échelonnée de 1920 à 1942, bien que certaines ne correspondent pas véritablement à la réalité. Dalí leur attribuait des dates antérieures à la réalisation, conformément au récit de ses mémoires, comme c'est le cas pour son autoportrait "*Was Fantastic*". L'artiste a toujours "joué" avec le lecteur-spectateur de façon à le conduire là où il voulait, mélangeant les vérités et les "fausses" vérités, tant au niveau biographique que chronologique. En citant Héraclite, comme le fait Dalí, nous pouvons dire que la nature aime se cacher.

Un bref regard sur chacun de ces dessins vous permettra de saisir les principaux éléments de l'œuvre et en même temps, de comprendre un peu plus la vie dalinienne (il faut toujours faire attention à la vision globale de l'image mais aussi à l'importance donnée aux éléments de son microcosme précisément détaillés). Ce sont les anecdotes importantes qui revitalisent la composition.

Dans le texte de l'un des premiers dessins, intitulé *"Form" is always the product of "inquisitorial" process of matter*, Dalí fait toute une déclaration de principes: « Mais la Rose aussi ! Toute fleur pousse dans une prison. La liberté est informe. La morphologie (gloire à Goethe de l'invention de ce mot aux conséquences incalculables qui aurait enchanté Leonardo), la morphologie nous a appris maintenant que ce sont les tendances les plus anarchisantes, les plus hétérogènes, les plus grouillantes d'antagonismes qui aboutissent au règne triomphal des plus rigoureuses hiérarchies de la forme.»

Dans le premier chapitre, intitulé "Autoportrait anecdotique", deux autoportraits sont dessinés. Le premier est de forte influence raphaélesque et ensuite, il y a des ébauches et des portraits prémonitoires de Sigmund Freud, réalisés, selon Dalí, deux ans avant la mort du créateur de la psychanalyse. Dans le quatrième chapitre, "Faux souvenirs d'enfance", apparaissent souvent des doubles images ou des images invisibles, tellement liées à sa particulière conception du monde reflètée dans sa méthode paranoïaco-critique qu'elles nous invitent à aller chercher au-delà de ce que l'on perçoit premier coup d'œil. Notre imagination s'aiguise alors à la découverte de significations occultes ou oubliées. Sur le dessin *"false memory" of a cloud of smoke resembling a human face perceived During a walk in the country with my father"*, on peut percevoir comment la première de ces images doubles se démarque de façon explicite.

Étant donné qu'il s'agit d'une autobiographie, Gala ne pouvait pas passer inaperçue: Gala en enfant chevauchant la licorne du destin de Dalí, Gala avançant comme la victoire. La victoire dalinienne. Gala comme équilibre initial. Gala en Gradiva, celle qui avance. Gala mise en relation avec la Renaissance, avec la tradition, représentée dans le dessin intitulé *Gala discovers and inspires the classicism of my Soul.....Cosmogony, a synthesis, ~~and~~ an architecture of eternity*, d'une maîtrise inégalable ou bien Gala fusionnée avec Dalí (la signature "Gala Dalí " apparaît sur certains dessins).

Son époque "américaine", contemporaine à l'autobiographie, est également fortement présente: dessins faisant référence au monde du ballet, *Tristan Fou* et *Bacchanale*, auxquels il a collaboré, à la mode: le dessin *"Proget de robe du soir" 1939*, où Dalí ajoute ironiquement *"Elegan woman"*? en est un bon exemple; puis des dessins de bijoux, d'objets surréalistes, comme par exemple *typical surrealistic obgect, made to provoke special discomfort by use of flies drawn and stuckin various places by sugary substances* et d'autres types d'objets, difficiles à définir comme *Progect for a silver candelabra to illuminate sinbolically my "adolescence", Progect for an ultra-sophisticated oil lamp for the exclusive use of the aristocracy*, faisant référence à l'architecture des gratte-ciels qui nous rappellent la série d'articles sur New York qu'il avait écrits et illustrés dans *The American Weekly* en 1935. Il y a également deux dessins, clairement associés à ceux illustrant le texte *50 secrets magiques*, qui fut publié pour la première fois en anglais en 1948, comme par exemple celui intitulé *first progect for my " thingking machine" which shall figure in the 'special editioN' of my Secret inventioNs*. Nous pouvons associer cette autobiographie à deux autres créations de Dalí, ensemble de textes et d'images, et qui sont les *50 secrets magiques* et *Les métamorphoses érotiques*. Cette association est beaucoup plus facile qu'avec les ouvrages que Dalí a illustrés dans les années 40: *Autobiographie* de Benvenuto Cellini (1946), la première partie de *Don Quichotte* (1946) et les *Essais* de Montaigne (1947). Dans les dessins de la *Vie secrète*, nous pouvons trouver un Dalí différent de celui qui illustre sur commande des textes pour d'autres auteurs. Nous nous trouvons face à un Dalí beaucoup plus libre et plus anarchiste, nous révélant une nouvelle facette de lui-même.

Son iconographie, connue et reconnue dans le monde entier, est bien représentée tout au long de la *Vie secrète*. Grâce à cette série de dessins, nous pouvons observer les figures de l'*Angelus* de Millet, les paysages isolés et angoissants, les personnages suivis de leurs ombres, les figures molles comme celles du "grand masturbateur", les béquilles, les cyprès, le téléphone-langouste, les fourmis, les personnages-tiroirs, les paysages récurrents de l'Empordà qui lui étaient si chers, Lídia Noguer, les architectures soit de la Renaissance ou molles, les perspectives, palladiennes certaines d'entre elles; l'oeil (dans le deuxième dessin qui sera publié dans *50 secrets magiques*), le personnage de saint Sebastien, objet de l'article écrit en 1927, publié dans *L'Amic de les Arts* et dédié à son ami Federico García Lorca. Nous y trouvons aussi des références plastiques et écrites pour Picasso. Il faut notamment citer des dessins significatifs, comme par exemple celui se trouvant dans le titre de la deuxième partie, celui représentant Gala, celle qui avance (c'est-à-dire Gradiva, source littéraire et grande muse des surréalistes), de style classico-fantastique. La présence d'un portrait cubiste du roi Alphonse XIII, le merveilleux portrait de Dullita ou les doubles images auxquelles nous avons déjà fait référence, comme celle de "*September*", sur laquelle on peut remarquer un visage formé par un cavalier et son cheval, des rochers, des arbres anthropomorphiques et des petits personnages, complètent cette exposition qui est le reflet de l'évolution artistique et personnelle de Salvador Dalí. Le Dalí enfant, petit prince gâté, ou le Dalí adolescent, révolutionnaire et anarchiste, se devaient également d'être présents.

L'exposition "La vie secrète de Salvador Dalí" nous permettra de découvrir que le dessin ne servait pas seulement à l'artiste de simple illustration, mais que c'est un outil indispensable pour continuer à expliquer ses mémoires et pour voir comment Dalí s'est rapproché des idéaux de la tradition et de la Renaissance à partir d'une attitude vitale de recherche active et persévérante. Ces dessins (tout comme le particulier montage muséistique du Théâtre-Musée Dalí) éveillent notre intérêt ainsi que notre imagination et nous incitent à lire, ou à relire, l'autobiographie « géniale » de ce créateur originaire de l'Empordà. Dalí est un dessinateur cultivé, suggestif, ornemental, mais également transgresseur et ironique. En se combinant, ces caractéristiques lui ont permis d'exercer l'art de l'illustration. Les textes et les images de la *Vie secrète* sont indissociables et complémentaires. Le Dalí dessinateur et le Dalí écrivain forment un tout, une cosmogonie expliquant l'origine et la formation de l'univers dalinien.

MONTSE AGUER I TEIXIDOR
Directrice du Centre d'Études Daliniennes de la Fondation Gala-Salvador Dalí

CATALOGATION

REMARQUES

Tous les dessins appartiennent à une collection particulière, à l'exception des numéros 1 et 9 qui proviennent de la Fondation Gala-Salvador Dalí.

Sauf indication du contraire, les dessins ne sont ni signés ni datés.

Lorsque "encre*" apparaît sur la liste, cela signifie qu'il existe également des annotations faites au crayon. Elles servaient d'indications pour l'éditeur.

Pour identifier chaque dessin, nous avons utilisé le texte que Dalí a rédigé sur chacun d'eux, lorsque celui-ci existait. Nous avons transcrit les textes littéralement. À plusieurs occasions, l'artiste a écrit entre guillemets ce qu'il considérait être le titre possible.

Les numéros des pages du livre de la première édition de *The Secret Life of Salvador Dalí*, publiée chez Dial Press, sur lesquelles apparaissent les dessins, sont notés sous chaque explication.

Nous mettons uniquement en évidence les versos faisant références aux épisodes de *La vie secrète* ou ceux faisant l'objet d'études d'œuvres connues de l'artiste.

Signature
Encre sur papier
9,3 x 24,3 cm

1. Sans texte
DALI GALA
Encre de Chine, encres de couleurs, crayon et collage sur papier
57,6 x 50,2 cm
NI 2913
Signé et daté GALA SALVADOR DALI 1942
Ce dessin apparaît sur le frontispice

—

PRÉFACE

2. *GALA DALI*
Encre* sur papier
8,3 x 9,3 cm
p. 1

3. *"Form" is always the product of "inquisitorial" process of matter.*
Encre sur papier
17,3 x 17,1 cm
Signé GALA DALI
p. 3

—

PREMIÈRE PARTIE

4. Sans texte
Encre* sur papier
15,5 x 10,6 cm
p. 7

—

I. AUTOPORTRAIT ANECDOTIQUE

5. *SALVADOR DALI 1927*
Encre sur papier
10,7 x 17,7 cm
p. 9

6. *"Moi"*
Encre sur papier
15,2 x 12,5 cm
Signé Dalí
p. 16

7. *"morphologie" du crane de Sigmund Freud d'apres le principe de la volute et de l'escargot. Dessin d'apres nature deux ans avan sa mort*
Encre* sur papier
22,9 x 17 cm
Signé Salvador Dalí
p. 24

—

II. SOUVENIRS INTRA-UTÉRINS

8. Sans texte
Encre* sur papier
9,2 x 7,5 cm
p. 26

9. *Suvenir intrauterins de Salvador Dalí*

1 himage d'origine hipnagogique
remontan a la periode pre-natale
de Salvador Dalí
2 PAtufet, hero legendere du foclor
Catalan, qui vivait a l'intereur
du ventre d'un beuf
3 cmbrion decendant en
parachute, le parachute et le
sinbole maternal
~~4 esquelete~~ esquelete ligote dans
la posse enbrionaire, a
l'interieur d'une cruche
qui recoNstitue l'idee de l'euf
5 la "bolute" et l'enigme qui
preside le fenomene de la vie
et l'enbrioN de toute
l'ornamentatioN
6
6 Casanova raporte dans ses
~~souveniRs~~ memoiRe des
entecedans sensatioNels de
souveniRs intra huteriNs.

Il y a également une inscription de Dalí. Il s' agit d' une note pour l' éditeur:
"also include footnote on Casanova from chapter American Weekly Inter-uterini Chapter"

Encre* et crayon sur carton
76 x 51 cm
NI 3441
p. 28

10. Sans texte
Imprimé
16,5 x 11,2 cm
p. 28

—

III. NAISSANCE DE SALVADOR DALÍ

11. Sans texte
Encre* sur papier
11 x 7,3 cm
p. 33

—

IV. FAUX SOUVENIRS D'ENFANCE

12. Sans texte
Encre* sur papier
10,7 x 9,1 cm
Signé et daté Gala Salvador Dali 1941
p. 35

13. *"false memory" of a cloud of smoke resembling a human face perceived During a walk in the country with my father"*
Encre sur papier
7,7 x 16,4 cm
p. 37

14. *"False memory probably inspired by the face of a lawyer friend of my father combined an antique mythological engraving"*
Encre sur papier
16,4 x 14,7 cm
p. 39

15. *"moi et ma mere"*
Encre sur papier
10,6 x 27,5 cm
Signé et daté Salvador Dali 1936
p. 43

16. *"False memory of a vast ornamental visage in a state of deconposition"*
Encre sur papier
11,6 x 21,7 cm
Signé Gala Salvador Dalí
p. 46

17. *"False memori of a lady in the shape of a spoon"*
Encre* sur papier
13,7 x 15,6 cm
p. 49

18. Sans texte
Dalí identifie les personnages de l'illustration: *Buchaques galouchka Dalí*
Encre sur papier
13,4 x 16,9 cm
p. 54

19. Sans texte
Encre sur papier
9,2 x 16 cm
p. 59

20. Sans texte
Encre sur papier
11,5 x 11 cm
p. 60

21. Sans texte
Encre sur papier (verso d'imprimé)
7,1 x 15,5 cm
Signé GALA S DALI
p. 62

—

V. VRAIS SOUVENIRS D'ENFANCE

22. *"all my real memoires ~~inspired by~~ are sealed vith the sense of death"*
Etude de Cranes deformes
Encre sur papier
19,7 x 24,7 cm
Signé et daté Salvador Dalí 1933
p. 65

23. *"Studio in the laundry"*
Encre sur papier
16 x 14,5 cm
p. 71

24. *Mulí de la Torre*
Encre* sur papier
20,6 x 27,5 cm
p. 76

25. *Forms in rotation"*
Encre sur fond d'impression
7,8 x 7,5 cm
Signé et daté Gala Dali 1931
p. 78

L'HISTOIRE DE LA CUEILLETTE DE LA FLEUR DU TILLEUL ET DE LA BÉQUILLE

26. *"Dullita"*
Encre sur papier
14,5 x 5,4 cm
p. 91

27. *..."Eruption of final ignominy".*
Encre sur papier
8,2 x 8,4 cm
Signé et daté Gala Salvador Dalí 1941
p. 94

28. Sans texte
Encre sur papier
9 x 8,4 cm
p. 97

29. Sans texte
Encre sur papier
11,7 x 9 cm
p. 100

30. *"Beethoven's cranium"*
Encre sur papier
27,5 x 20,5 cm
Signé et daté Gala Salvador Dali 1941
p. 106

31. Sans texte
Encre sur papier
16 x 21,6 cm
Signé et daté Gala Salvador Dali 1942
p. 109

—

DEUXIÈME PARTIE

32. *GALA CELLE qui AVANCE*
Encre* sur papier
23 x 34,7 cm
Signé et daté Salvador Dalí 1942
p. 113

VI. ADOLESCENCE; SAUTERELLE; EXPULSION DU COLLÈGE; FIN DE LA GUERRE EN EUROPE

33. *Dalí in an anarchistic mood, walking in the country of Figueras at sundown.*
Encre* sur papier
13,4 x 13,1 cm
Daté 1922
p. 115

34. *PAU PAU Y SEMPRE.... PAU..! B.M*
c. 1916-17
Encre sur papier (verso d'imprimé)
17,8 x 11,1 cm
p. 117

35. Sans texte
Encre sur papier
9,9 x 9,9 cm
p. 129

36. *"Dalí riskes death inventing the counter-submarine"*
Dali identifie le lieu qui apparaît sur l' illustration: *"Figueras"*
Encre sur papier
20,7 x 21,7 cm
p. 137

—

VII. "CELA"; ÉTUDES PHILOSOPHIQUES; AMOUR INASSOUVI; EXPÉRIENCES TECHNIQUES; MON "ÂGE DE PIERRE"; FIN D'UNE HISTOIRE D'AMOUR; MORT DE MA MÈRE

37. *"Philosophic StudieS"*
Encre sur papier
10,3 x 7,5 cm
Signé Dalí
p. 139

38. *"Helen of Troy"*
Encre sur papier (verso d'imprimé)
3,9 x 3,6 cm
Signé et daté Salvador Dali 1941
p. 140

39. *Progect for a silver candelabra to illuminate sinbolically my "adolescence"*
Encre sur fond d'impression
23,3 x 15,9 cm
Signé GALA S DALI
p. 141

40. *"Tristan and Isolde"*
Encre* sur papier (verso d'imprimé)
10,2 x 6,6 cm
Signé et daté Salvador Dali 1940
p. 145

41. Sans texte
Encre sur papier (verso d'imprimé)
10,5 x 7 cm
p. 146

42. Sans texte
Encre sur papier (verso d'imprimé)
21,3 x 13,3 cm
p. 147

43. Sans texte
Encre sur papier
11,8 x 14 cm
Signé Salvador Dalí
p. 151

—

VIII. APPRENTISSAGE DE LA GLOIRE; MON PARE CONSENT MA CARRIÈRE ARTISTIQUE; EXAMEN D'ENTRÉE; RENVOI DE L'ÉCOLE DES BEAUX-ARTS DE MADRID; DANDYSME ET PRISON

44. *Project for a cask for "mad Tristan"*
Encre sur papier
8,3 x 8,5 cm
Signé et daté Gala Salvador Dalí 193[...]
Date illisible
p. 154

45. *"Was Fantastic"*
Encre et crayon sur papier
9,1 x 10,4 cm
Signé et daté Salvador Dali 191920 1920
p. 160

46. *"Cubist" portrait of King Alfonso XIII. sketch made inmediately after our meeting.*
Encre et crayon sur papier
16,2 x 13,7 cm
Signé Salvador Dalí
p. 163

47. *Picasso's influence was followed by most tipical extra-plastic preoccupation "Person swallowin saliva with difficulty"*
Encre sur papier
14 x 11,7 cm
Signé et daté SALVADOR DALI 1925
p. 174

48. *"Person swallowing saliva with "ease*
Encre* sur papier plié
11 x 16,7 cm
Papier déplié: 28 x 16,7 cm
Signé Salvador Dalí
p. 175

49. *"Head molested by flies"*
Encre sur papier
11,2 x 12 cm
Signé et daté Salvador Dali 1926
p. 177

50. *Picassos influence... Dessin de l'epoque*
Encre sur papier
13,8 x 17 cm
Signé Salvador Dali
p. 184

51. *"Proget de robe du soir"* 1939 *"Elegan Woman"?*
Encre sur papier
16 x 9,6 cm
Signé S. Dali
Daté 1939
p. 193

52. *vermouths, olives, clams ect ect..*
Encre* sur papier
15,5 x 9,6 cm
p. 195

IX. RETOUR À MADRID; EXPULSION DÉFINITIVE DE L'ECOLE DES BEAUX-ARTS; VOYAGE À PARIS; RENCONTRE DE GALA; DÉBUT DE LA DIFFICILE IDYLLE DE MA SEULE ET UNIQUE HISTOIRE D'AMOUR; JE SUIS CHASSÉ PAR MA FAMILLE

53. Sans texte
Encre sur papier
16,3 x 13,6 cm
Signé GALA DALI
p. 200

54. *F. G LORCA 1924 Pour Federico Salvador Dalí Madrid cafe de ORIENTE"*
Encre* et crayon sur papier
12,6 x 9,1 cm
Signé Salvador Dalí
Daté 1924
p. 203

55. *"Gala as a child mounted on the unicorn of my Fate"*
Encre sur papier
17 x 20,3 cm
Signé Dali
p. 218

56. Sans texte
Encre sur papier
16,2 x 16,7 cm
Signé et daté Dalí 1942
p. 224

57. *"Gala already walks like victory- mi victory"*
Encre sur papier
17,3 x 13,3 cm
p. 232

58. *"Relax"*
Encre sur papier
9,5 x 12 cm
Signé et daté Dalí 1938
p. 234

—

CONTE DU MANNEQUIN DE CIRE AU NEZ EN SUCRE

59. *..Gradiva...*
Encre sur papier
11,1 x 16 cm
p. 239

60. *"we must have it over with!" "white or black"?*
Encre sur papier
13,2 x 15,4 cm
Signé Salvador Dali
p. 242

61. Sans texte
Encre sur papier
10 x 6,6 cm
p. 242

62. *"we became one in a maelstrom - the volute of my lost "paradise"*
Encre sur papier
17,2 x 11,2 cm
Signé et daté Gala Salvador Dali 1941
p. 244

63. *"September septembered"*
Encre et crayon sur papier
28,2 x 21,7 cm
p. 246

64. *...Engraved these words: Take advantage of her and kill her'!..*
Encre sur papier
14,3 x 13,3 cm
Signé et daté Gala S. DALI 1941
p. 247

65. *Alcohol*
Encre sur carton
14,9 x 7,8 cm
Signé Salvador Dalí
p. 250

66. Sans texte
Encre sur papier
4,7 x 8 cm
p. 251

67. Sans texte
Encre sur papier
14,8 x 8,4 cm
Signé Gala Salvador Dali 1940
p. 253

—

TROISIÈME PARTIE

68. Sans texte
Encre* sur papier
27 x 25,3 cm
Signé et daté Gala Salvador Dalí 1942
p. 255

X. DÉBUTS EN SOCIÉTÉ; BÉQUILLES; ARISTOCRATIE; HÔTEL DU CHÂTEAU À CARRY-LE-ROUET; LYDIA; PORT LLIGAT; INVENTIONS; MALAGA; PAUVRETÉ; L'ÂGE D'OR

69. *Emaill, or dans le genrre de "Fraberge" ocasioN d'hutilisse ici mes inventioNs sur l'emaill en fibres - aussi les ieux [pourrai] regarde continuellement, par mon autre inventioN des troubles visuels [provoques] par les [segures] de couleur conplementaires [tenir] [conte] des meubles etrusques et de la facon come ils enploaye l'or dans des feiilles miNces come le papier de chocolat tout cela et bon Dali*
Encre sur papier
13 x 9,3 cm
Signé Dalí et signé et daté G. Salvador Dalí 1930
p. 257

70. *"Bon jour chere amie!" "Progect for spectral costumes, for afternoon stroller. The inside of pockets light up at night."*
Encre sur papier
26,6 x 20,3 cm
Signé GALA DALI
p. 259

71. *CRUTCHES*
Encre sur papier
9,4 x 8,1 cm
Signé et daté Gala Dalí 1936
p. 261

72. *...remember Hôtel du Chateau at Carry-le-Rouet..*
Encre sur papier
10,1 x 18,6 cm
Signé GALA DALÍ
Date illisible
p. 263

73. Sans texte
Encre sur papier
6,5 x 9,5 cm
p. 265

74. *Idealistic tower in which took place the 'reveries' about Gala. I lived in it in imagination during a period of at least three months.*
Encre sur papier
16,3 x 13,6 cm
Signé et daté GALA DALI 1939
p. 269

75. *Fly – catching telephone*
Encre sur papier
9 x 12 cm
Signé S. Dali
p. 271

76. Sans texte
Dalí identifie et décrit les personnages de l' illustration: *Dali putrifying Gala translucid and sur imprecions*
Encre sur papier
5,5 x 6,6 cm
p. 274

77. *viejo MalagueÑo*
Encre sur papier
9,8 x 10,4 cm
Signé et daté Dalí 1936
p. 275

78. *Gala, with a build like a boy's... her breasts bares and i had taken out*
Encre sur papier
18,2 x 18,8 cm
Signé et daté Gala Salvador Dalí 1941
p. 275

79. Sans texte
Encre sur papier
13,5 x 12,7 cm
p. 280

80. Sans texte
Encre sur papier
21,7 x 17,4 cm
p. 281

81. *¡Scandal!*
Encre sur fond d'impression
6,6 x 10,9 cm
p. 283

82. *macchiavellism macchiavellism*
Encre sur papier
19 x 16,6 cm
p. 284

83. *macchiavellism*
Encre sur papier
3,5 x 4,5 cm
p. 284

—

XI. MON COMBAT; MA PARTICIPATION ET MA POSITION DANS LA RÉVOLUTION SURRÉALISTE; "OBJET SURRÉALISTE" CONTRE "RÊVE RACONTÉ", ACTIVITÉ CRITIQUE-PARANOÏA CONTRE AUTOMATISME

84. *telephoNe telephoNe telephone ¡TELEPHONE!*
Encre* sur papier
7,4 x 7,6 cm
p. 286

85. Sans texte
Encre sur papier (verso du dessin nº 112)
21,2 x 15,2 cm
p. 288

86. Sans texte
Imprimé sur carton
5,2 x 3,9 cm
carton: 14,5 x 9,5 cm
p. 289

87. *Project for spectral furniture, with live jewels provided with reflectors for alternative and decreasing lighting.*
Encre sur papier
31 x 24 cm
Signé et daté Salvador Dali 1937
p. 291

88. *Progect for an ultra-sophisticated oil lamp for the exclusive use of the aristocracy*
Encre sur papier
16,5 x 10,9 cm
Signé GSalvador Dali et signé et daté GALA DALI 1939
p. 294

89. *Facility Pederasty Cocaine*
Encre sur papier
13,5 x 10,7 cm
Signé et daté Gala Salvador Dali 1930
p. 295

90. *"Gala, a Paris"*
Encre sur papier
13 x 11,5 cm
Signé Dalí
p. 296

91. *"Gala a Cadaques" Port-Lligat*
Encre sur papier
13,9 x 24 cm
p. 300

92. *"September"*
Encre sur papier
8,5 x 9,2 cm
p. 303

93. *typical surrealistic obgect, made to provoke special discomfort by use of flies drawn and stuckin various places by sugary substances. I have amused myself, all my life, by playing with flies, rather than chasing them away.*
Encre sur fond d'impression
11,3 x 7,1 cm
Signé et daté Gala Salvador Dali 1931
p. 307

94. *"Disturbing imatge"*
Encre sur fond d'impression
7,2 x 4,9 cm
p. 308

95. Sans texte
Encre sur papier
15,7 x 12,6 cm
Signé Salvador Dalí
p. 310

96. *first progect for my "thingking machine" which shall figure in the 'special editioN' of my Secret inventioNs*
himage virtuelles fosfenes
himages interpretes Boursse seletioNatrice himage double himage triple resultante selectione
Encre sur fond d'impression
8 x 13,5 cm
Signé et daté Gala Salvador Dali 1935
p. 313

97. *Gala discovers and inspires the classicism of my Soul...*
..Cosmogony, a synthesis, ~~and~~ an architecture of eternity.
Encre sur papier
30 x 23,7 cm
Signé et daté Gala Salvador Dalí 1941
p. 316

98. *"inpossible to commercialize" Project for a theatre setliNg, based on the myth of San Sebastian.*
Encre sur fond d'impression
8,7 x 11,8 cm
Signé et daté Gala Salvador Dalí 1939
p. 319

99. *Dalinian*
a watch deconposes itself very quickly sometimes the hours bleed like Christ...
Encre sur fond d'impression
5,7 x 7 cm
Signé et daté Gala Salvador Dali 1939
p. 325

100. *New-York ?*
Encre sur papier
6,8 x 12,6 cm
Signé et daté Gala Salvador Dalí 1938
p. 331

101. *Progect for "mad TrisTan" poetry of New York*
[Colliere] neurosis Artificial vampire organ of Babel wagner, GAudi Boecklin
Encre sur papier
22 x 28 cm
p. 335
Verso: Esquisse du dessin du recto

102. *Progect for an ashtray and cigarette holder mounted oN the back of a live turtle*
Encre sur papier
13,3 x 10,7 cm
Signé et daté GALA S DALI 1940
p. 337

103. *Progect for jewels, opening and closing by a mechanism similar to that of watch (necklaces that breathe, diamoNds with te palpitaing rythm of a heart ect.)*
Encre sur papier
8,4 x 8 cm
Signé et daté G[ala] Salv[ador] Dali 1939
p. 340

104. *Proget pour Jean Michel Franch The principle of stilt applied to the building of a Mediterranean "hammock"*
Encre sur papier
10,7 x 17 cm
Signé Gala Salvador Dali
p. 341
Verso: Étude pour l' huile "Apparition d'un visage et d'un compotier sur une plage" de 1938 et autres esquisses

105. *Esthetic ("Anti-historic"!)*
Encre sur papier
23,7 x 18,5 cm
Signé et daté Gal[a] Salvad[or] Dalí 1939
p. 343

XII. GLOIRE ENTRE LES DENTS, ANGOISSE ENTRE LES JAMBES; GALA DÉCOUVRE ET INSPIRE LE CLASSICISME DE MON ÂME

106. *sub-renal anatomy of Gala*
Encre* sur papier
9,2 x 7 cm
p. 344

107. *"New Flesh"*
Encre sur papier
7,7 x 7,3 cm
p. 347

108. *"Not one day goes by that i don't ride, 'til the infinite, the horse of my imagination"*
Encre sur papier
9,5 x 18,4 cm
Signé et daté G Salvador Dali 1939
p. 349

—

XIII. MÉTAMORPHOSE; MORT; RÉSURRECTION

109. *against Politics - For metaphysics*
Encre* sur papier
25,1 x 16,3 cm
Signé et daté Dali 1937
p. 351

110. *"Gala initial equilibrium"*
Encre sur papier
7,4 x 6 cm
p. 353

111. *militiAmAN OF F.A.I*
Encre sur papier
18,6 x 10 cm
p. 355
Verso: Esquisse du dessin du recto

112. *"L'Elan vital"*
Encre sur papier (recto du dessin nº 85)
15,2 x 21,2 cm
Signé Gala S Dali
p. 359

113. *"mad TRisTan" Project masquerade costumes never executed becausse is was "too mad"*
Encre sur papier
20,9 x 19,2 cm
Signé GALA S DALI
p. 362

114. *POPE JOLIO'S VILLA*
Dalí identifie les personnages de l'illustration: *GARBO Dalí*
Encre* sur papier
12,3 x 4,8 cm
p. 364

—

XIV. FLORENCE; MUNICH À MONTE-CARLO; BONWIT TELLER; NOUVELLE GUERRE EN EUROPE; BATAILLE ENTRE MLLE. CHANEL ET M. CALVET; RETOUR EN ESPAGNE; LISBONNE ; DÉCOUVERTE DE LA MACHINE À PHOTOGRAPHIER LA PENSÉE; COSMOGONIE; VICTOIRE PÉRENNANTE DE LA FEUILLE D'ACANTHE; RENAISSANCE

115. *"ornamental inquisition"*
Encre* sur papier
13,1 x 16,2 cm
p. 369

116. *Bacchanale grand Hotel -- nous appreNons la nouvelle de la mobilisatioN generalle mauvais temps*
Encre sur papier
11 x 12,3 cm
Signé Dali
p. 370

117. Sans texte
Encre sur papier
4,7 x 9,8 cm
p. 373

118. *Dinner-jacket?*
Encre sur papier
10,8 x 9,9 cm
Signé et daté Salvador Dalí 1928
p. 374

119. *Furniture*
Encre sur papier
7,7 x 13,1 cm
Signé et daté G. S. Dali
p. 376

120. *BACCHANale Font-Romeu" juste avant la guerre*
Encre sur papier
10,2 x 11,3 cm
Signé Gala [...] Dalí
p. 379

121. *First progect for the decor of "Venusberg" – Never realized because of its high cost, and turned later, into a decor for "BACCHANAle" l'unique chosse qui resta de se proget cet la petite montaigne du foNd!*
Encre sur papier
25,5 x 20 cm
Signé GALA DALI
p. 380

122. *Vertical Infantry, as against horizontal infantry; means of winning a battle by the unexpected use of stilts of the Landes country*
Encre* sur papier
23,7 x 23,6 cm
Signé et daté Salvador Dalí 1940
p. 382
Recto: Études des costumes utilisés pour le ballet *Bacchanale* en 1939

123. *Voila le genre de chosses que j'admire du poin de vu inventioN*
Encre sur fond d'impression
10,5 x 7,9 cm
p. 386

124. Sans texte
Encre* sur papier
13,1 x 19,5 cm
Signé et daté Gala Salvador Dali 1941
p. 388

125. *I saw the story of Rome revived in the course of "reveries" During mi long strolls.*
Encre sur papier
13,9 x 13,6 cm
Signé et daté Gala Salvador Dalí 1940
p. 397

126. *RENAISSANCE*
Encre sur papier
7,7 x 14,6 cm
Signé et daté Gala Dalí 1942
p. 398

—

ÉPILOGUE

127. Sans texte
Encre sur papier
13,4 x 12,2 cm
p. 399

 CRÈDITS

Fundació Gala-Salvador Dalí

PRESIDENT
Ramon Boixadós i Malé

DIRECTOR DEL TEATRE-MUSEU DALÍ
Antoni Pitxot i Soler

DIRECTORA DEL CENTRE D'ESTUDIS DALINIANS
Montse Aguer i Teixidor

SECRETARI GENERAL
Lluís Peñuelas i Reixach

GERENT
Joan Manuel Sevillano i Campalans

PÀGINA SEGÜENT | PÁGINA SIGUIENTE
NEXT PAGE | PAGE SUIVANTE
Salvador Dalí i Gala a casa de Caresse Crosby a Hampton Manor, 1941
Salvador Dalí y Gala en casa de Caresse Crosby en Hampton Manor, 1941
Salvador Dalí and Gala in Caresse Crosby's house at Hampton Manor, 1941
Salvador Dalí et Gala chez Caresse Crosby à Hampton Manor, 1941
10 x 12,5 cm
RI 2440
Fundació Gala-Salvador Dalí

Exposició

COMISSÀRIA
Montse Aguer

MUNTATGE I COORDINACIÓ GENERAL
Departament de Conservació i Restauració
Elisenda Aragonès, Georgina Berini, Irene Civil

ASSEGURANCES
AON GIL y CARVAJAL, S.A. Barcelona

Catàleg

EDICIÓ
Distribucions d'Art Surrealista, S.A.

DOCUMENTACIÓ
Centre d'Estudis Dalinians

COORDINACIÓ
Montse Aguer, Teresa Moner

DISSENY GRÀFIC
bis]

FOTOGRAFIA
Martí Gasull

IMPRESSIÓ
Gràfiques Trema

TIRATGE
500 exemplars

DIPÒSIT LEGAL
GI-685-2004

I.S.B.N.
84-933292-31

TERCERA EDICIÓ
gener de 2014

AMB EL PATROCINI DE